人力资源总监管理笔记系列

Excel 人力资源管理 从入门到精通

刘嫔 编著

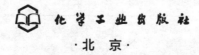
·北京·

内容简介

如何让自己成为职场中最受欢迎的HR职业经理人？如何快速解决企业招聘、培训、薪酬、绩效管理难题？如何做好人力资源的各项管理工作，成为老板的"贤内助"？

《Excel人力资源管理：从入门到精通》一书从两条线帮助读者掌握Excel软件，快速从入门到精通成为人力资源管理高手！

第一条是人力资源专业线：书中通过10大专题内容，从人力资源的各个模块入手，包括人力规划、招聘管理、劳动合同、培训开发、人员分析、绩效考核、薪酬管理、社保办理、考勤管理及档案管理等内容，每个专题都用Excel进行专业分析。

第二条是Excel软件技能线：书中对40个经典常用的案例进行讲解，从Excel软件的数据编辑、格式设置、自动填充、排序筛选、分类汇总、数据透视表与数据透视图、图形与图表、公式与函数及表格打印等功能，对人力资源各种表格进行详细解析，且随书赠送210多分钟的同步视频教学，帮助读者快速精通Excel软件。

本书结构清晰、语言简洁，既适合于从事人力资源管理的工作人员，特别是六大模块相关的HR人士，同时也适合行政、文秘、后勤、培训、财务等职场人员，快速用Excel解决和提升企业的管理效率。

图书在版编目（CIP）数据

Excel人力资源管理：从入门到精通/刘嫔编著．—北京：化学工业出版社，2021.6
（人力资源总监管理笔记系列）
ISBN 978-7-122-38812-4

Ⅰ.①E… Ⅱ.①刘… Ⅲ.①表处理软件-应用-人力资源管理 Ⅳ.①F243-39

中国版本图书馆CIP数据核字（2021）第053286号

责任编辑：陈 蕾 王春峰　　　　　　装帧设计：尹琳琳
责任校对：杜杏然

出版发行：化学工业出版社（北京市东城区青年湖南街13号　邮政编码100011）
印　　装：大厂聚鑫印刷有限责任公司
710mm×1000mm　1/16　印张14¾　字数258千字　2021年8月北京第1版第1次印刷

购书咨询：010-64518888　　　　　　售后服务：010-64518899
网　　址：http://www.cip.com.cn
凡购买本书，如有缺损质量问题，本社销售中心负责调换。

定　　价：68.00元　　　　　　　　　　　　　　　　版权所有　违者必究

前言

随着科技的快速发展，信息时代中各行各业相互之间的竞争也日益激烈，传统的企业人力资源办公模式已经无法适应时代发展的需求，也很难带给我们更好的工作体验。Excel是一款简单易懂、功能强大的办公软件，能够提高我们日常的工作效率。

本书主要介绍了使用Excel，对人力资源管理的常用表格数据进行有效处理的操作，将人力资源管理方面的企业日常工作结合Excel软件的操作技巧，进行效率的提升。笔者认为，只有将理论与实践两者相结合才能达成目标，本书就很好地诠释了理论与实践如何才能有机地相结合。

本书分为10大章，从人力资源管理的六大模块知识进行讲解，如规划、招聘、培训、绩效、薪酬及劳动关系，知识体系全面。从人力规划开始循序渐进，慢慢讲解人力资源管理的一些日常工作技巧。本书具体内容如下。

第1章　规划。 人力资源规划是对企业未来发展的组织架构和人员的配置，进行智能性计划的过程。通过对本章的学习，读者可以学会应用Excel制作年度人力资源规划表、在职人员信息统计表、年度人员结构对比表，以及年度人员需求预测表等。

第2章　招聘。 员工招聘是企业根据人力资源部门的规划和工作岗位的需求甄选人才、扩大企业编制的过程。通过对本章的学习，读者可以学会应用Excel制作应聘人员签到表、面试人员台账统计表、员工录用通知单，以及招聘费用数据汇总表等。

第3章　合同。 劳动合同是劳动者和企业方在确立劳动关系、双方协商一致后所签订的一份明确双方权利和义务的协议。通过对本章的学习，读者可以学会应用Excel制作员工入职手续表、试用期结果评估表、劳动合同续订人员信息表、劳动合同管理台账表，以及员工离职手续表等。

第4章　培训。 企业培训的目的在于提高企业员工的人品素质、能力以及工作绩效等。通过对本章的学习，读者可以学会应用Excel制作员工培训记录表、员工培训费用统计表，以及员工培训成绩统计表等。

第5章　分析。人才分析是人力资源部门对企业人员的各项数据进行采集、统计和分析的过程。通过对本章的学习，读者可以学会应用Excel制作部门人数条形图、年度离职人数折线图，以及企业职称人数统计表等。

第6章　绩效。绩效考核是人力资源管理中的重要环节之一，根据特定的标准和指标数据，对员工的工作行为和业绩进行相应评估。通过对本章的学习，读者可以学会应用Excel制作企业经营目标汇总表、部门业绩指标分解表、员工月度工作计划表，以及绩效考核成绩汇总表等。

第7章　薪酬。薪酬管理是人力资源管理的重要组成部分，更是企业吸引和留住优秀人才的重要手段。通过对本章的学习，读者可以学会应用Excel制作绩效奖金分配表、员工加班补贴发放表、员工工资明细表、员工工资条领取表，以及带薪年假天数统计表等。

第8章　社保。社保是当员工在遇到各类风险时可以获得基本生活需要的一种社会保障。通过对本章的学习，读者可以学会应用Excel制作保险缴费基数核定表、职工社会保险费统计表、住房公积金月度报表，以及职工退休到龄提醒表等。

第9章　考勤。考勤管理是企业对员工出勤的一种考查制度。通过对本章的学习，读者可以学会应用Excel制作员工上班签到表、员工加班汇总表，以及员工休假汇总表等。

第10章　档案。人事档案管理是将员工的各类资料进行收集、整理、保管以及统计的活动。通过对本章的学习，读者可以学会应用Excel制作管理人员档案表、员工违纪过失记录表、员工奖惩记录台账表、人事异动月报表，以及员工岗位调动信息表等。

本书的核心价值就是让大家掌握Excel软件的操作技巧，从而提高人力资源管理的工作效率，边学边用，既可以给自己减负，同时帮助自己提升工作能力。特别注意：本书共设置10个二维码，请手机扫描书内每章前的二维码观看本章视频。书中及视频中图表仅为演示用途，内容均为虚构。

本书由刘嫔编著，参与人员还有刘华敏等人，在此表示感谢。由于作者知识水平有限，书中难免有疏漏不足之处，恳请广大读者批评、指正。

编著者

第1章 规划：组织架构与人员的配置

1.1 资源规划：制作年度人力资源规划表 2
    1.1.1 创建工作簿 3
    1.1.2 创建年度人力资源规划表 4
    1.1.3 美化年度人力资源规划表 6
1.2 人力统计：制作在职人员信息统计表 8
    1.2.1 创建在职人员信息统计表 9
    1.2.2 通过数据验证功能输入部门信息 11
    1.2.3 设置信息统计表的日期格式 14
1.3 组织设计：制作年度人员结构对比表 15
    1.3.1 创建年度人员结构对比表 16
    1.3.2 对比分析年度人员发展趋势 18
    1.3.3 图表分析年度人员职位结构 19
1.4 需求预测：制作年度人员需求预测表 22
    1.4.1 创建年度人员需求预测表 23
    1.4.2 冻结年度人员需求预测表表头窗格 24
    1.4.3 插入表格行新增预测表数据内容 25

第2章 招聘：人才的甄选与选拔录用

2.1 应聘登记：制作应聘人员签到表 ·········· 28
2.1.1 创建应聘人员签到表 ·········· 29
2.1.2 打印应聘人员签到表 ·········· 30

2.2 数据分析：制作面试人员台账统计表 ·········· 31
2.2.1 创建面试人员台账统计表 ·········· 32
2.2.2 统计符合录用的人员总数 ·········· 33
2.2.3 招聘计划完成率的分析 ·········· 34
2.2.4 平均招聘周期的分析 ·········· 36

2.3 录用管理：制作员工录用通知单 ·········· 37
2.3.1 创建录用人员信息表 ·········· 37
2.3.2 制作员工录用通知单 ·········· 39
2.3.3 创建邮件合并 ·········· 41

2.4 支出管理：制作招聘费用数据汇总表 ·········· 43
2.4.1 招聘费用支出情况分析 ·········· 44
2.4.2 招聘费用分类汇总分析 ·········· 45
2.4.3 招聘渠道费用统计分析 ·········· 46

第3章 合同：签订员工入、离职合同

3.1 引进人才：制作员工入职手续表 ·········· 50
3.1.1 创建员工入职手续表 ·········· 51
3.1.2 设置表格内容显示方式 ·········· 51

3.2 入职试用：制作试用期结果评估表 ... 55
3.2.1 创建新员工试用期表现鉴定表 ... 55
3.2.2 创建新员工试用期评估表 ... 57

3.3 留住人才：制作劳动合同续订人员信息表 ... 59
3.3.1 创建劳动合同续订人员信息 ... 60
3.3.2 统计出续订合同的截止日期 ... 61
3.3.3 统计出未续订合同的人员信息 ... 62

3.4 合同管理：制作劳动合同管理台账表 ... 64
3.4.1 创建劳动合同管理台账表 ... 65
3.4.2 统计在职人员合同期限 ... 65
3.4.3 劳动合同管理台账分析 ... 67

3.5 离职管理：制作员工离职手续表 ... 68
3.5.1 创建员工辞职申请表 ... 69
3.5.2 创建员工离职交接表 ... 71

第4章 培训：高效培训提升员工能力

4.1 培训管理：制作员工培训记录表 ... 75
4.1.1 创建员工培训记录表 ... 76
4.1.2 分类汇总部门人数 ... 77
4.1.3 分类汇总培训成绩 ... 78

4.2 实施费用：制作员工培训费用统计表 ... 80
4.2.1 设置培训项目明细类别 ... 81
4.2.2 统计培训费用支出情况 ... 82

4.2.3 图表展示培训费用的分类 ················· 84
　4.3 效果评估：制作员工培训成绩统计表 ············ 85
　　　4.3.1 函数汇总员工培训的总分 ················· 86
　　　4.3.2 判定员工成绩是否通过考核 ··············· 87
　　　4.3.3 对员工培训成绩进行排名统计 ············· 89

第5章 分析：人才的建设与数据分析

　5.1 人员统计：制作部门人数条形图 ················ 92
　　　5.1.1 创建部门人数信息 ······················· 93
　　　5.1.2 分析部门人数分布情况 ··················· 93
　　　5.1.3 创建部门人数条形图 ····················· 95
　5.2 人员流失：制作年度离职人数折线图 ············ 97
　　　5.2.1 创建年度离职人数信息 ··················· 98
　　　5.2.2 分析年度离职人数信息 ··················· 98
　　　5.2.3 创建年度离职人数折线图 ················ 100
　5.3 升级评定：制作企业职称人数统计表 ··········· 102
　　　5.3.1 创建企业职称人数统计表 ················ 103
　　　5.3.2 分类统计各职称的人数信息 ·············· 104
　　　5.3.3 图表分析职称的分布情况 ················ 106

第6章 绩效：员工的业绩指标与考评

　6.1 绩效体系：制作企业经营目标汇总表 ··········· 109
　　　6.1.1 创建企业经营目标汇总表 ················ 109

6.1.2 按重点设置企业经营指标 111
6.1.3 各部门指标比例的分析 112

6.2 指标设计：制作部门业绩指标分解表 113
6.2.1 创建部门业绩指标分解表 114
6.2.2 统计各责任人承担的指标数 114
6.2.3 统计指标按月完成情况分析 117

6.3 业绩统计：制作员工月度工作计划表 118
6.3.1 创建员工月度工作计划表 119
6.3.2 用条件格式统计工作完成情况 120
6.3.3 用数据透视表汇总工作完成情况 122

6.4 绩效评估：制作绩效考核成绩汇总表 123
6.4.1 统计成绩优秀的员工姓名 124
6.4.2 汇总各部门的考核结果 127
6.4.3 绩效考核成绩汇总分析 128

第7章 薪酬：体系的设计与薪酬管理

7.1 奖金激励：制作绩效奖金分配表 131
7.1.1 创建绩效奖金分配表 131
7.1.2 用函数编制绩效奖金比例 132
7.1.3 统计员工绩效资金数据 133

7.2 加班补贴：制作员工加班补贴发放表 134
7.2.1 汇总员工加班的日期和时间 135
7.2.2 统计员工的实际加班小时数 137
7.2.3 计算员工加班费用总额 138

7.3 薪资构成：制作员工工资明细表 ··· 140
   7.3.1 计算员工应发工资数据 ··· 141
   7.3.2 计算个人所得税代缴数据 ··· 143
   7.3.3 统计工资表中实发金额 ··· 144

7.4 工资发放：制作员工工资条领取表 ··· 145
   7.4.1 创建员工工资条领取表表头 ··· 146
   7.4.2 跨工作表引用数据制作工资条 ··· 146

7.5 年薪管理：制作带薪年假天数统计表 ··· 148
   7.5.1 统计员工的工龄 ··· 148
   7.5.2 利用函数计算带薪年假天数 ··· 150
   7.5.3 利用公式计算带薪年假天数 ··· 150

第8章 社保：职工社保日常报表管理

8.1 缴纳比例：制作保险缴费基数核定表 ··· 153
   8.1.1 创建保险缴费基数核定表 ··· 154
   8.1.2 用函数统计保险缴费金额 ··· 154
   8.1.3 分析保险缴费类别的数据 ··· 156

8.2 福利权益：制作职工社会保险费统计表 ··· 158
   8.2.1 创建职工社会保险费统计表 ··· 159
   8.2.2 统计月度社会保险费用总额 ··· 166
   8.2.3 统计年度社会保险费用总额 ··· 168

8.3 员工购房：制作住房公积金月度报表 ··· 169
   8.3.1 创建住房公积金月度报表 ··· 170
   8.3.2 统计住房公积金月度数据 ··· 170

  8.3.3 用数据透视表分析数据信息 ································ 172

 8.4 退休安排：制作职工退休到龄提醒表 ································ 173

  8.4.1 创建职工退休到龄提醒表 ································ 174

  8.4.2 用函数计算员工的退休时间 ································ 175

  8.4.3 设置员工退休提醒 ································ 177

第9章　考勤：统计分析员工考勤数据

 9.1 出勤情况：制作员工上班签到表 ································ 180

  9.1.1 创建员工上班签到表 ································ 180

  9.1.2 统计出员工迟到早退数据 ································ 183

  9.1.3 高亮显示员工迟到早退信息 ································ 184

 9.2 加班统计：制作员工加班汇总表 ································ 186

  9.2.1 创建员工加班汇总表 ································ 187

  9.2.2 汇总员工加班数据 ································ 188

 9.3 调休管理：制作员工休假汇总表 ································ 191

  9.3.1 创建员工休假汇总表 ································ 192

  9.3.2 统计员工休假时长数据 ································ 193

  9.3.3 统计分析员工请假类型 ································ 194

第10章　档案：人事管理与岗位的调动

 10.1 记录分析：制作管理人员档案表 ································ 198

  10.1.1 创建管理人员档案表 ································ 198

- 10.1.2 按薪酬高低排序分析管理人员 ·················· 200
- 10.1.3 按年龄分析管理人员的结构 ······················ 201

10.2 内部纪律：制作员工违纪过失记录表 ············ 202
- 10.2.1 创建员工违纪过失记录表 ·························· 203
- 10.2.2 统计员工违纪过失次数 ···························· 204
- 10.2.3 统计分析违纪过失的类别 ·························· 206

10.3 奖惩信息：制作员工奖惩记录台账表 ············ 207
- 10.3.1 创建员工奖惩记录台账表 ·························· 208
- 10.3.2 统计分析奖惩的人数 ································ 209
- 10.3.3 统计所获奖金与惩罚金额 ·························· 210

10.4 人员流动：制作人事异动月报表 ················ 211
- 10.4.1 创建人事异动月报表 ································ 212
- 10.4.2 统计分析人员流入情况 ···························· 214
- 10.4.3 统计分析人员流出情况 ···························· 216

10.5 人事变动：制作员工岗位调动信息表 ············ 217
- 10.5.1 创建员工岗位调动信息表 ·························· 218
- 10.5.2 分析普通类岗位调动情况 ·························· 219
- 10.5.3 分析管理类岗位调动情况 ·························· 222

第1章

规划：组织架构与人员的配置

人力资源规划是通过对企业人力资源管理现状的相关信息进行收集、统计和分析，找出企业未来一段时间内人力资源工作重点的活动。本章主要提供了进行企业人力资源规划的相关图表，并详细介绍了应用Excel设计图表的技巧。

第1章12个演示视频
请 扫 码 观 看

1.1 资源规划：制作年度人力资源规划表

人力资源规划是指人力资源部门根据企业的发展规划，对企业未来的人力资源需求和供给状况进行分析及估计，对职务编制、人员配置、教育培训以及招聘等内容进行职能性计划的过程。人力资源规划是将企业的经营战略和目标转化成人力资源需求，从企业整体的角度分析和制定人力资源管理目标的一些具体活动。

本实例主要介绍"年度人力资源规划表"的制作流程和具体方法。

效果欣赏

"年度人力资源规划表"的最终效果如图1-1所示。

年度人力资源规划表

类别	项目	年度				备注
		2017年	2018年	2019年	2020年	
各部门人数	人事部	5人	6人	8人	10人	
	管理部	6人	9人	10人	14人	
	财务部	4人	4人	6人	6人	
	业务部	18人	20人	25人	28人	
	设计部	5人	10人	15人	20人	
	仓管部	4人	6人	8人	10人	
	生产部	50人	100人	200人	300人	
职位	经理级	3人	4人	5人	6人	
	副理级	6人	8人	10人	12人	
	主管级	12人	16人	20人	24人	
	普工级	71人	127人	237人	346人	
学历	硕士及以上	7人	7人	8人	8人	
	本科	30人	40人	45人	60人	
	大专	45人	58人	70人	80人	
	其他	10人	50人	149人	240人	

图1-1 年度人力资源规划表

技术点睛

1. 整理以往3年的人力资源数据，做好数据汇总、统计以及预测等工作。

2. 创建一个空白的工作簿文件，输入标题、往年汇总数据以及年度预测数据等信息。

3. 设置工作表的行高与列宽，对单元格中的数据进行"合并后居中"操作。

4. 对表格进行美化，包括设置字体格式、边框和底纹效果等。

1.1.1 创建工作簿

在制作"年度人力资源规划表"之前,用户首先需要创建一个空白的工作簿。下面介绍创建工作簿的具体操作方法。

➡ STEP 01 启动Excel应用程序,进入Excel工作界面,单击"空白工作簿"缩略图,如图1-2所示。

➡ STEP 02 执行上述操作后,即可创建一个空白文档,如图1-3所示。

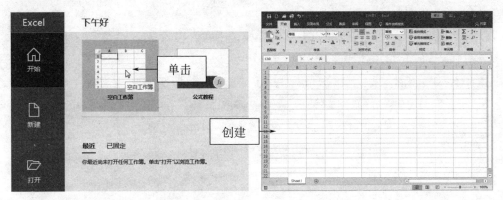

图 1-2　单击"空白工作簿"缩略图　　　图 1-3　创建一个空白文档

➡ STEP 03 在界面左下角Sheet1工作表名称上单击鼠标右键,在弹出的快捷菜单中选择"重命名"选项,如图1-4所示。

➡ STEP 04 此时工作表的名称呈可编辑状态,输入"年度人力资源规划表",输入完成后,按【Enter】键即可完成对工作表重命名的操作,如图1-5所示。

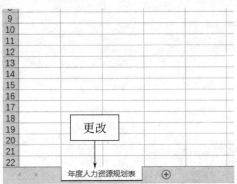

图 1-4　选择"重命名"选项　　　　图 1-5　对工作表进行重命名操作

> **专家提醒**
>
> 根据企业发展规划，一般以3年的人力资源数据作对比，通过总结规律及现阶段发展目标，制订第4年的实际需求。

1.1.2 创建年度人力资源规划表

在创建好空白的工作簿后，用户可以录入表格内容，并调整表格的行高与列宽，使表格内容显示得更加完整。

STEP 01 在新创建的工作簿中，输入"年度人力资源规划表"的相关内容，具体内容如图1-6所示。

STEP 02 在行标1上单击鼠标右键，在弹出的快捷菜单中选择"行高"选项，在弹出的"行高"对话框中设置参数为46.5，单击"确定"按钮，即可设置第1行单元格的整行高度，效果如图1-7所示。

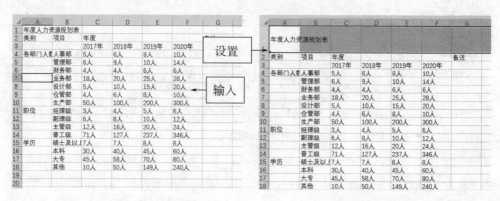

图1-6 输入表格内容　　　　　　图1-7 设置第1行单元格的高度

STEP 03 选择第2~18行区域，在该区域上单击鼠标右键，在弹出的快捷菜单中选择"行高"选项，在弹出的"行高"对话框中设置参数为17.25，如图1-8所示。

STEP 04 单击"确定"按钮，即可设置区域内的行高，效果如图1-9所示。

> **专家提醒**
>
> 将鼠标指针移至A列右侧边框上，此时鼠标指标呈╋形状，按住鼠标左键并向右拖曳，也可以调整A列单元格的列宽。

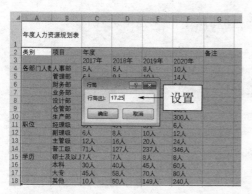

图 1-8　设置"行高"参数为 17.25

图 1-9　设置区域内的行高

◆ **STEP 05**　❶选择 A 列，在该列上单击鼠标右键，在弹出的快捷菜单中选择"列宽"选项；❷在弹出的"列宽"对话框中设置参数为 16.3，如图 1-10 所示。

◆ **STEP 06**　单击"确定"按钮，即可设置 A 列的列宽，效果如图 1-11 所示。

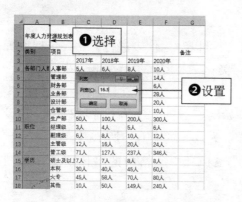
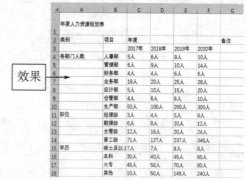

图 1-10　设置"列宽"参数为 16.3

图 1-11　设置 A 列列宽后的效果

◆ **STEP 07**　用上述方法，❶在工作表中设置其他列的列宽；❷然后选择 A1:G1 单元格区域，如图 1-12 所示。

◆ **STEP 08**　在"开始"面板的"对齐方式"选项板中，单击"合并后居中"按钮，设置 A1:G1 单元格区域的格式，效果如图 1-13 所示。

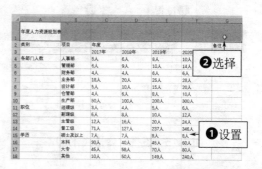

图 1-12　选择 A1:G1 单元格区域

STEP 09　用上述方法，对其他需要合并和居中的单元格区域进行"合并后居中"操作，效果如图1-14所示。

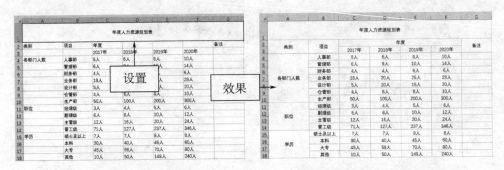

图1-13　设置单元格格式后的效果

图1-14　对其他区域进行"合并后居中"操作后的效果

1.1.3　美化年度人力资源规划表

用户在录入人力资源规划表的内容后，可以对工作表进行美化，包括设置字体格式、边框和底纹效果等。下面介绍美化"年度人力资源规划表"的操作方法。

STEP 01　选择A1:G1单元格，在"开始"面板的"字体"选项板中，❶设置"字体"为"黑体"；❷设置"字号"为20，如图1-15所示。

STEP 02　执行上述操作后，即可设置A1:G1单元格中的字体格式，如图1-16所示。

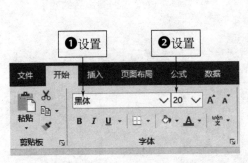

图1-15　设置字体格式（1）

图1-16　设置字体格式效果

STEP 03　选择A2:G3单元格，在"开始"面板的"字体"选项板中，❶设置"字体"为"黑体"；❷单击"加粗"按钮 B 和"倾斜"按钮 I，如图1-17所示。

第1章 规划：组织架构与人员的配置

➡ STEP 04 执行上述操作后，即可设置A2:G3单元格中的字体格式，如图1-18所示。

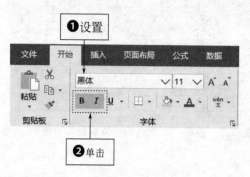

图1-17 设置字体格式（2）　　　　图1-18 预览字体格式效果

➡ STEP 05 ❶选择A1:G18单元格区域；❷在"字体"选项板中单击"边框"右侧的下三角按钮；❸在弹出的列表框中选择"其他边框"选项，如图1-19所示。

➡ STEP 06 弹出"设置单元格格式"对话框，在"边框"选项卡中单击"外边框"和"内部"按钮，如图1-20所示。

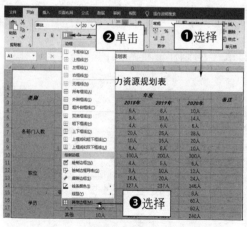
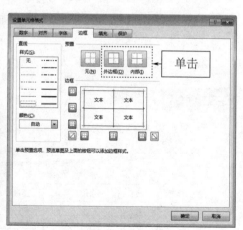

图1-19 选择"其他边框"选项　　　　图1-20 单击相应按钮

➡ STEP 07 ❶单击"填充"标签，切换至"填充"选项卡；❷设置单元格区域的填充颜色（颜色可参考计算机屏幕，下同），如图1-21所示。

➡ STEP 08 设置完成后，单击"确定"按钮，返回Excel工作簿，查看制作完成的"年度人力资源规划表"，效果如图1-22所示。

7

图 1-21 设置单元格区域的填充颜色　　图 1-22 查看"年度人力资源规划表"效果

1.2 人力统计：制作在职人员信息统计表

在职人员是对在企业工作的各类人员的一种统称。"在职人员信息统计表"是统计所有在职人员相关情况的一种表格。这个表对于人力资源部门来说特别重要，能够让人力资源部门很快地筛选和汇总各类员工数据，快速了解员工的各种信息，并据此挖掘员工的潜能；能够让企业充分了解员工，合理地为每一位员工安排工作。

本实例主要介绍"在职人员信息统计表"的制作流程和具体方法。

效果欣赏

"在职人员信息统计表"的最终效果如图 1-23 所示。

在职人员信息统计表								
序号	姓名	性别	年龄	部门	职务	学历	入职日期	备注
1	周一	女	27	管理部	总监	本科	2014年6月8日	
2	金二	女	22	人事部	员工	大专	2020年3月10日	
3	张三	男	30	管理部	经理	硕士	2015年5月5日	
4	李四	男	23	业务部	员工	大专	2019年7月8日	
5	王五	男	24	财务部	员工	大专	2019年10月10日	
6	赵六	女	22	设计部	员工	大专	2018年7月8日	
7	钱七	女	28	财务部	主管	大专	2016年4月10日	
8	朱八	男	26	工程部	员工	大专	2018年4月12日	
9	于九	男	29	工程部	主管	本科	2016年8月8日	
10	柳十	女	24	人事部	员工	大专	2020年8月6日	

图 1-23 在职人员信息统计表

> **技术点睛**

1. 整理在职人员信息，进行数据统计和汇总等操作。

2. 创建一个空白的工作簿文件，输入表格数据，为工作表设置行高、列宽，并进行单元格居中等操作。

3. 对工作表中的序号进行自动填充设置，通过"数据验证"功能快速输入部门的信息。

4. 通过"设置单元格格式"对话框，设置工作表中的日期格式。

1.2.1 创建在职人员信息统计表

在创建"在职人员信息统计表"之前，用户首先需要准备好在职人员的相关档案信息，然后将信息内容录入Excel工作表中，再设置表格的格式，使用自动填充功能填充序号。下面介绍创建"在职人员信息统计表"的操作方法。

STEP 01 新建一个工作簿，命名工作表为"在职人员信息统计表"，如图1-24所示。

STEP 02 在工作表中，输入"在职人员信息统计表"的相关内容，按【Enter】键可以换行操作，效果如图1-25所示。

图 1-24 命名工作表为"在职人员信息统计表"

图 1-25 在表格中输入相关内容

STEP 03 在工作表中，设置行标1的单元格高度为49.5，设置行标2的单元格高度为27.75，设置行标3～12的单元格高度为21.75，效果如图1-26所示。

STEP 04 接下来按照之前的方式设置列宽，设置列标A单元格区域的宽度为8.75；设置列标B、E~G、I单元格区域的宽度为11.5；设置列标C、D单元格区域的宽度为8.5；设置列标H单元格区域的宽度为16.5，效果如图1-27所示。

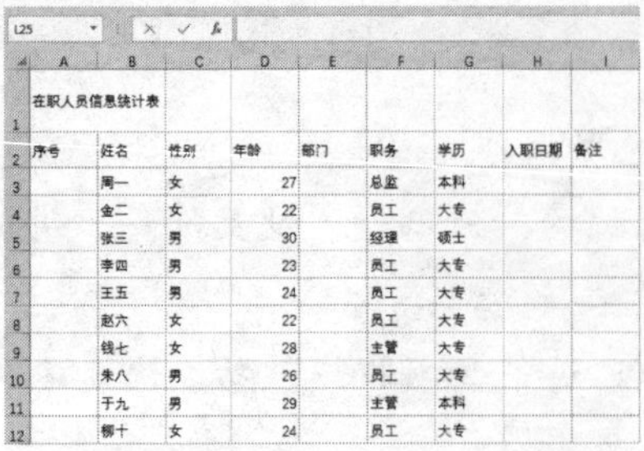

在职人员信息统计表								
序号	姓名	性别	年龄	部门	职务	学历	入职日期	备注
	周一	女	27		总监	本科		
	金二	女	22		员工	大专		
	张三	男	30		经理	硕士		
	李四	男	23		员工	大专		
	王五	男	24		员工	大专		
	赵六	女	22		员工	大专		
	钱七	女	28		主管	大专		
	朱八	男	26		员工	大专		
	于九	男	29		主管	本科		
	柳十	女	24		员工	大专		

图 1-26　设置行高后的效果

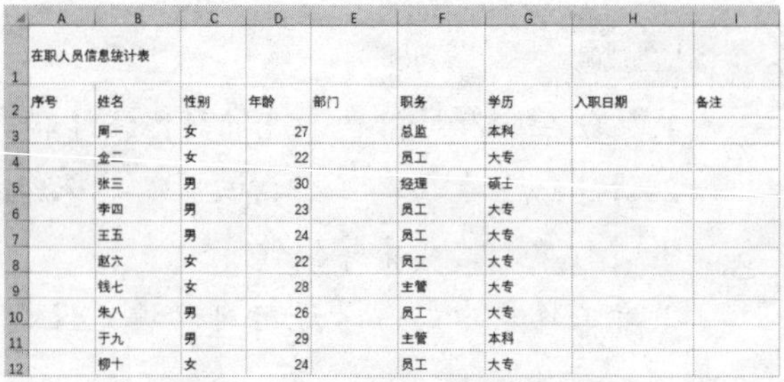

在职人员信息统计表								
序号	姓名	性别	年龄	部门	职务	学历	入职日期	备注
	周一	女	27		总监	本科		
	金二	女	22		员工	大专		
	张三	男	30		经理	硕士		
	李四	男	23		员工	大专		
	王五	男	24		员工	大专		
	赵六	女	22		员工	大专		
	钱七	女	28		主管	大专		
	朱八	男	26		员工	大专		
	于九	男	29		主管	本科		
	柳十	女	24		员工	大专		

图 1-27　设置列宽后的效果

STEP 05　选择A1:I1单元格区域，在“开始”面板的“对齐方式”选项板中，单击“合并后居中”按钮，设置单元格居中对齐；选择A2:I12单元格区域，在“对齐方式”选项板中单击“居中”按钮，并为设置的单元格区域添加“所有框线”，效果如图1-28所示。

STEP 06　选择A1:I1单元格区域，在“开始”面板的“字体”选项板中，设置“字体”为“黑体”、“字号”为20；设置A2:I2单元格区域中的“字体”为“黑体”、“字号”为14，如图1-29所示。

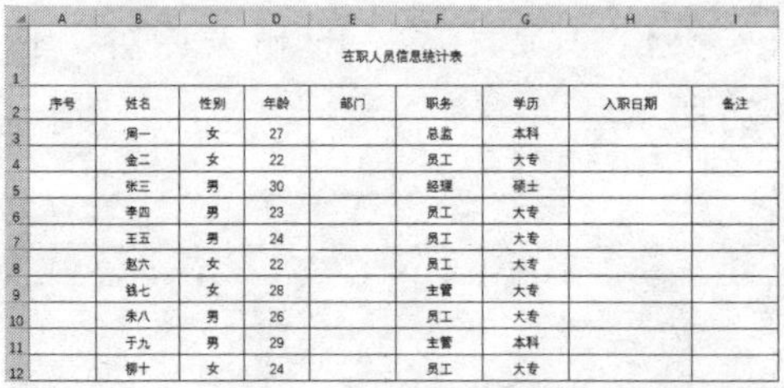

在职人员信息统计表								
序号	姓名	性别	年龄	部门	职务	学历	入职日期	备注
	周一	女	27		总监	本科		
	金二	女	22		员工	大专		
	张三	男	30		经理	硕士		
	李四	男	23		员工	大专		
	王五	男	24		员工	大专		
	赵六	女	22		员工	大专		
	钱七	女	28		主管	大专		
	朱八	男	26		员工	大专		
	于九	男	29		主管	本科		
	柳十	女	24		员工	大专		

图 1-28　设置单元格对齐方式和边框效果

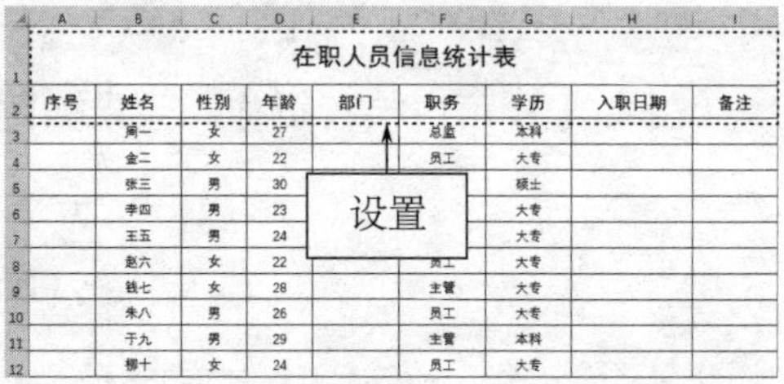

在职人员信息统计表								
序号	姓名	性别	年龄	部门	职务	学历	入职日期	备注
	周一	女	27		总监	本科		
	金二	女	22		员工	大专		
	张三	男	30			硕士		
	李四	男	23			大专		
	王五	男	24			大专		
	赵六	女	22		员工	大专		
	钱七	女	28		主管	大专		
	朱八	男	26		员工	大专		
	于九	男	29		主管	本科		
	柳十	女	24		员工	大专		

图 1-29　设置单元格字体格式效果

专家提醒

人力资源部需要对企业所有的在职人员信息非常地了解，这些在职人员信息是人力资源部分析内部人员情况的一个数据依据，能为更好地开展人力资源工作提供一个信息来源。

STEP 07　❶在A3单元格中输入数值1；❷同时选择需要填充数据的单元格区域，如图1-30所示。

STEP 08　在“开始”面板的“编辑”选项板中，❶单击“填充”按钮；

❷在弹出的下拉列表框中选择"序列"选项，如图1-31所示。

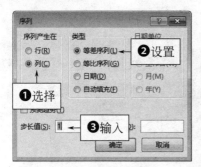

图1-30 选择需要填充的单元格区域

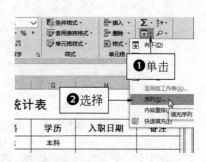

图1-31 选择"序列"选项

> **STEP 09** 弹出"序列"对话框，❶在"序列产生在"选项区中选中"列"单选按钮；❷设置"类型"为"等差序列"；❸在"步长值"右侧的数值框中输入1，如图1-32所示。

> **STEP 10** 单击"确定"按钮，即可自动填充数据，效果如图1-33所示。

图1-32 设置相应选项　　　　　　图1-33 自动填充数据效果

1.2.2 通过数据验证功能输入部门信息

HR（Human Resource，人力资源）在输入人员信息时，有时候因为数据过多会出现录入错误的情况，此时HR可以通过Excel中的数据验证功能来有效地输入数据，这样可以提高数据录入的正确性，节省数据的修改时间。下面介绍具体的操作方法。

> **STEP 01** 单击界面左下角右侧的"新工作表"按钮⊕，新建一个工作表，设置工作表名称为"部门"，如图1-34所示。

> **STEP 02** 在"部门"工作表的A1:A6单元格区域中，输入相应的部门信息，如图1-35所示。

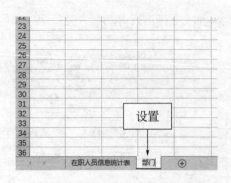

图1-34 设置工作表名称为"部门"　　　图1-35 输入相应的部门信息

> **STEP 03** ❶选择A1:A6单元格区域；单击鼠标右键，❷在弹出的快捷菜单中选择"定义名称"选项，如图1-36所示。

> **STEP 04** 弹出"新建名称"对话框，❶设置"名称"为"各部门"；❷此时刚输入的部门信息将作为数据源被引用，如图1-37所示。

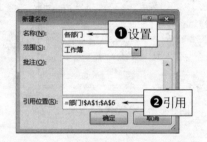

图1-36 选择"定义名称"选项　　　图1-37 设置"名称"为"各部门"

> **STEP 05** 单击"确定"按钮，在"在职人员信息统计表"中，❶选择E3:E12单元格区域；❷单击"数据"面板中的"数据验证"按钮，如图1-38所示。

> **STEP 06** 弹出"数据验证"对话框，在"设置"选项卡中，❶单击"允许"下拉按钮；❷在弹出的列表框中选择"序列"选项，如图1-39所示。

> **STEP 07** 在"来源"下方的文本框中，❶输入"=各部门"；❷单击"确定"按钮，如图1-40所示。

> **STEP 08** ❶单击E3单元格右侧的下拉按钮 ▼；❷在弹出的列表框中选择"管理部"选项，设置员工所在的部门为管理部，如图1-41所示。

第 1 章 规划：组织架构与人员的配置

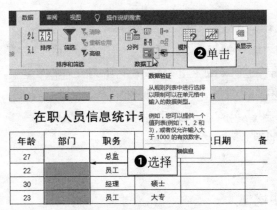

图 1-38 单击"数据验证"按钮　　　　图 1-39 选择"序列"选项

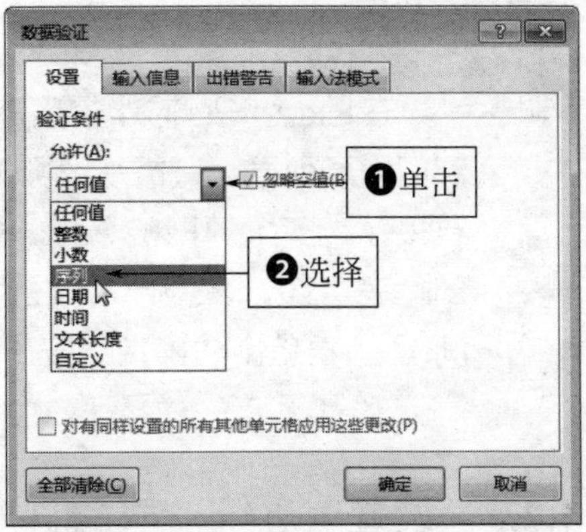

图 1-40 单击"确定"按钮　　　　图 1-41 选择"管理部"选项

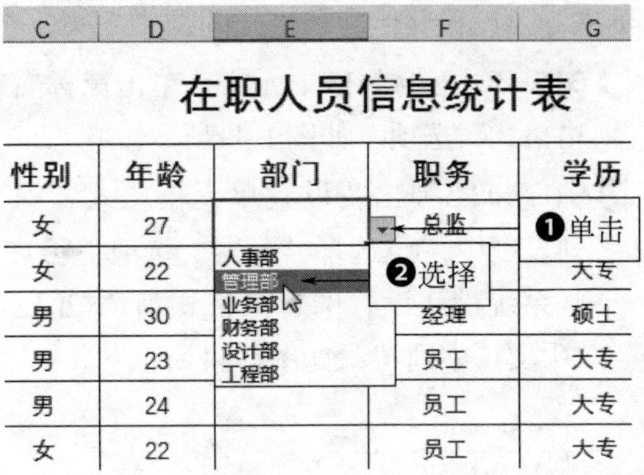

STEP 09 用与上同样的方法，通过列表框中的部门选项，设置 E4:E12 单元格区域中的部门类型，效果如图 1-42 所示。

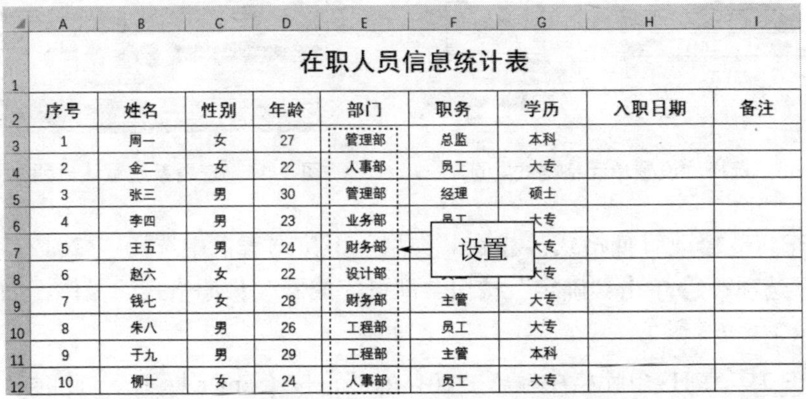

图 1-42 设置 E4:E12 单元格区域中的部门类型

> **专家提醒**
>
> 在Excel 2016中,用户可以不通过新建"部门"工作表来制作出部门信息列表,只需在"数据验证"对话框的"来源"下方文本框中,直接输入多个部门的名称,如"行政部,人力资源部,财务部,研发部,销售部,客服部"(注:部门名称之间必须用英文输入法的","间隔),再单击"确定"按钮即可。

1.2.3 设置信息统计表的日期格式

在Excel 2016中,一般系统会默认一种日期格式,例如:yyyy/mm/dd。接下来介绍设置其他日期格式的操作方法。

STEP 01 选择H3单元格,单击鼠标右键,弹出快捷菜单,选择"设置单元格格式"选项,如图1-43所示。

STEP 02 弹出"设置单元格格式"对话框,在"数字"选项卡的"分类"列表框中,❶选择"日期"选项;❷在右侧的"类型"下拉列表框中可以看到系统默认设置的日期格式为"*2012/3/14","区域设置(国家/地区)"为"中文(中国)",如图1-44所示。

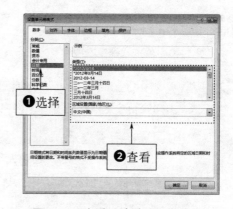

图1-43 选择"设置单元格格式"选项　　图1-44 查看系统默认日期格式

STEP 03 修改日期格式:❶在"类型"下拉列表框中选择"*2012年3月14日"选项;❷单击"确定"按钮,即可完成修改日期格式的操作,如图1-45所示。

STEP 04 在H3单元格中输入"2014/6/8",按【Enter】确认,此时日期会自动变成"2014年6月8日"格式,如图1-46所示。

第1章 规划：组织架构与人员的配置

图 1-45 修改日期格式　　　　　图 1-46 输入日期

◆ STEP 05 用与上同样的方法，在 H4:H12 单元格区域中输入其他员工的入职日期，完成"在职人员信息统计表"的制作，效果如图 1-47 所示。

序号	姓名	性别	年龄	部门	职务	学历	入职日期	备注
				在职人员信息统计表				
1	周一	女	27	管理部	总监	本科	2014年6月8日	
2	金二	女	22	人事部	员工	大专	2020年3月10日	
3	张三	男	30	管理部	经理	硕士	2015年5月5日	
4	李四	男	23	业务部	员工	大专	2019年7月8日	
5	王五	男	24	财务部	员工	大专	2019年10月10日	
6	赵六	女	22	设计部	员工	大专	2018年7月8日	
7	钱七	女	28	财务部	主管	大专	2016年4月10日	
8	朱八	男	26	工程部	员工	大专	2018年4月12日	
9	于九	男	29	工程部	主管	本科	2016年8月8日	
10	柳十	女	24	人事部	员工	大专	2020年8月6日	

图 1-47 输入其他员工的入职日期

1.3 组织设计：制作年度人员结构对比表

"年度人员结构对比表"有助于相关人员对企业几年间人员结构的相关数据进行趋势分析，它能够反映企业几年间人员流动的情况。例如，通过对员工学历的分析，企业可以了解各层次员工的学历水平；通过对员工职位级别的分析，企业可以了解员工在工作之余是否进行过提升工作能力方面的学习；通过对员工在职工龄的对比，企业可以了解员工的稳定性等。这些人员结构对比数据，

15

可以直接反映企业的整体情况,可以为人力资源部门对企业未来的发展规划提供很好的依据。

本实例主要介绍"年度人员结构对比表"的制作流程和具体方法。

效果欣赏

"年度人员结构对比表"的最终效果如图1-48所示。

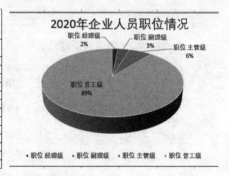

图1-48 "年度人员结构对比表"最终效果图

技术点睛

1. 整理并对比两年间企业人员的相关数据,做好数据资料的统计工作。
2. 在Excel中输入两年间企业人员的职位、职龄、学历以及性别等信息。
3. 运用Excel中的IF函数,分析企业两年间人员的发展趋势。
4. 运用Excel中的图表功能,分析企业两年间人员的职位结构情况。

1.3.1 创建年度人员结构对比表

在创建"年度人员结构对比表"之前,用户首先需要准备好企业员工两年间的相关档案信息,然后将信息内容录入Excel工作表,再设置表格的格式等。下面介绍创建"年度人员结构对比表"的操作方法。

STEP 01 新建一个Excel工作簿,将Sheet1工作表重命名为"年度人员结构对比表",如图1-49所示。

STEP 02 在工作表中,输入"年度人员结构对比表"的相关数据内容,选择A1:G16单元格区域,在"字体"选项板中单击"边框"右侧的下三角按钮，在弹出的列表框中选择"所有框线"选项，设置单元格边框效果，如图1-50所示。

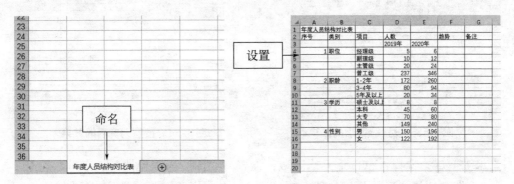

图1-49　新建并重命名工作表　　　　图1-50　设置单元格边框效果

◆ STEP 03　选择A1:G1单元格区域，在"开始"面板的"对齐方式"选项板中，单击"合并后居中"按钮，效果如图1-51所示。

◆ STEP 04　用上述方法，对单元格中的其他相关区域进行"合并后居中"以及"居中"操作，效果如图1-52所示。

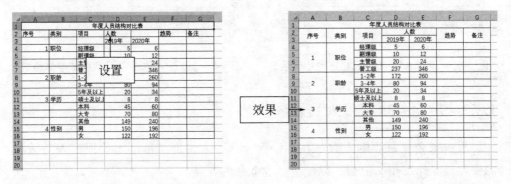

图1-51　设置单元格"合并后居中"效果　　　图1-52　对其他区域进行对齐操作

◆ STEP 05　选择第1行，设置其行高参数为50.25，选择第2~16行，设置其行高参数为14.25，设置表格行高后的效果如图1-53所示。

◆ STEP 06　继续选择列标C～F列，设置列宽参数为10，设置表格列宽后的效果如图1-54所示。

◆ STEP 07　选择A1:G1单元格区域，设置"字体"为"黑体"，"字号"为20，设置字体格式后的效果如图1-55所示。

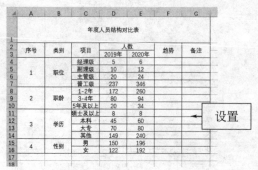
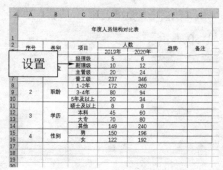

图 1-53 设置行高后的效果　　　　图 1-54 设置列宽后的效果

> **STEP 08** 选择A2:G3单元格区域，设置"字体"为"黑体"，"字号"为12，设置字体格式后的效果如图1-56所示。

图 1-55 设置 A1:G1 单元格区域字体格式　　图 1-56 设置 A2:G3 单元格区域字体格式

1.3.2 对比分析年度人员发展趋势

每一家企业每年的人数都在不停地变化，人力资源部门需要根据人员数量的变化趋势作出相关分析，以配合企业业务的发展。

> **STEP 01** 选择F4单元格，在单元格中输入公式:=IF(D4>E4,"↓",IF(D4<E4,"↑",""))。具体如图1-57所示。

> **STEP 02** 按【Enter】键确认，可以看出企业两年内经理级人员数量呈上涨趋势，如图1-58所示。

> **STEP 03** 选择F4单元格，将鼠标指针移到F4单元格右下角，此时鼠标指针呈╋形状，如图1-59所示。

> **STEP 04** 按住鼠标左键并向下拖曳至F16单元格，释放鼠标左键，即可得出年度人员结构对比趋势结果，如图1-60所示。

图 1-57　单元格中输入公式

图 1-58　经理级人数的发展趋势

图 1-59　移动鼠标指针位置

图 1-60　年度人员结构对比趋势的结果

1.3.3　图表分析年度人员职位结构

人力资源管理人员在分析年度人员职位结构时，可以使用Excel的图表功能，对比展示两年内企业人员的职位结构。下面介绍用图表分析企业年度人员职位结构的操作方法。

STEP 01　选择B4:D7单元格区域，如图1-61所示。

STEP 02　❶切换至"插入"面板；❷在"图表"选项板中单击"插入饼图或圆环图"的下拉按钮；❸在弹出的列表框中选择"三维饼图"样式，如图1-62所示。

STEP 03　执行上述操作后，即可得出2019年企业员工职位结构图，如图1-63所示。

STEP 04　单击"图表标题"文本框，删除文本框内原有的文字，在文本框内输入"2019年企业人员职位情况"，如图1-64所示。

图 1-61 选择 B4:D7 单元格区域

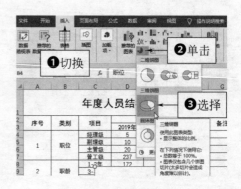

图 1-62 选择"三维饼图"样式

图 1-63 得出 2019 年员工职位结构图

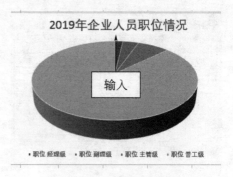

图 1-64 修改图表标题

▶ **STEP 05** 选择创建的图表，在"格式"面板的"形状样式"选项板中，单击"形状轮廓"下拉按钮，如图 1-65 所示。

▶ **STEP 06** 弹出颜色面板，在"主题颜色"下方选择相应色块，如图 1-66 所示。

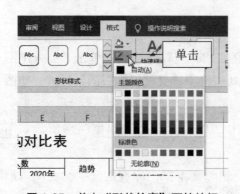

图 1-65 单击"形状轮廓"下拉按钮

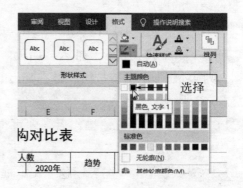

图 1-66 选择相应色块

> **STEP 07** 执行上诉操作后，即可设置图表边框颜色为黑色，效果如图1-67所示。

> **STEP 08** 在图表的图饼区域上，单击鼠标右键，在弹出的快捷菜单中选择"添加数据标签"中的"添加数据标签"选项，如图1-68所示。

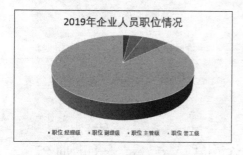

图1-67 添加图表边框效果

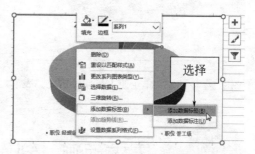

图1-68 选择"添加数据标签"选项

> **STEP 09** 执行上述操作后，即可为饼图添加数据，在图饼上继续单击鼠标右键，在弹出的快捷菜单中选择"设置数据标签格式"选项，如图1-69所示。

> **STEP 10** 弹出"设置数据标签格式"面板，在"标签选项"下选中"类别名称""百分比"和"显示引导线"复选框，如图1-70所示。

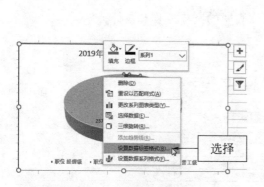

图1-69 选择"设置数据标签格式"选项

图1-70 选中相应复选框

> **STEP 11** 执行操作后，完成2019年企业人员职位情况图表的制作，如图1-71所示。

> **STEP 12** 用同样的方法制作出2020年企业人员职位情况图表，效果如图1-72所示。

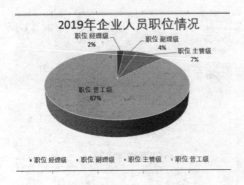
图 1-71　2019 年企业人员职位情况图表

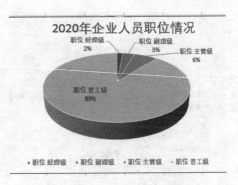
图 1-72　2020 企业人员职位情况图表

1.4　需求预测：制作年度人员需求预测表

企业进行年度人员需求预测首先要收集企业人员流动的信息。对于企业来说，企业下一年度的人员规划主要是根据管理人员对于人员的需求，以及年度人员流失率来定的。企业在制作"年度人员需求预测表"的时候，要分析人力资源的管理效益，预测下一年的人员流动情况，最后根据企业的战略规划，预测企业下一年的人员需求。企业只有将这些数据进行分析总结后，才能制定出符合实际的人力资源发展战略。

本实例主要介绍"年度人员需求预测表"的制作流程和具体方法。

效果欣赏

"年度人员需求预测表"的最终效果如图 1-73 所示。

年度人员需求预测表			
职系	当前年	第一年	第二年
行政管理职系	现实人数	期初人数	期初人数
	现实需求	需增加岗位和人数	需增加岗位和人数
		流失人数预测	流失人数预测
	总需求	总需求	总需求
技术职系	现实人数	期初人数	期初人数
	现实需求	需增加岗位和人数	需增加岗位和人数
		流失人数预测	流失人数预测
	总需求	总需求	总需求
总计	现实人数	期初人数	期初人数
	现实需求	需增加岗位和人数	需增加岗位和人数
		流失人数预测	流失人数预测
	总需求	总需求	总需求

图 1-73　年度人员需求预测表

> **技术点睛**

1. 根据当前年度人力资源的数据,做好后两年的数据预测工作。
2. 创建一个空白的工作簿文件,输入"年度人员需求预测表"的相关内容。
3. 用Excel的"冻结窗口"功能冻结"年度人员需求预测表"的表头窗格。
4. 运用Excel插入单元格的功能对表格进行插入行与列的操作,以增加该表数据内容。

1.4.1 创建年度人员需求预测表

创建年度人员需求预测表,需要知道当前年的信息数据,下面介绍创建年度人员需求预测表的具体操作方法。

● STEP 01 创建一个新的工作簿,输入"年度人员需求预测表"的相关内容,如图1-74所示。

● STEP 02 在工作表中,设置单元格的行高与列宽,效果如图1-75所示。

图1-74 输入"年度人员需求预测表"的相关内容

图1-75 设置单元格的行高与列宽效果

● STEP 03 在增加了"流失人数预测"相关内容后,为A1:G14单元格区域设置"所有框线",效果如图1-76所示。

● STEP 04 选择A1:G1单元格区域,在"开始"面板的"对齐方式"选项板中,单击"合并后居中"按钮,效果如图1-77所示。

● STEP 05 用同样的方法,设置其他单元格的对齐效果,如图1-78所示。

● STEP 06 设置A1:G1单元格区域中的"字体"为"黑体","字号"为20,效果如图1-79所示。

图 1-76 为单元格添加所有框线　　　　图 1-77 设置单元格格式

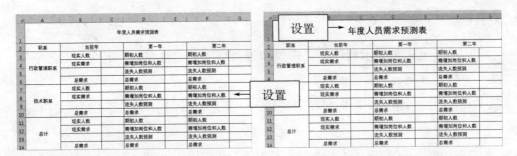

图 1-78 设置其他单元格的对齐效果　　图 1-79 设置单元格字体格式效果

> **专家提醒**
>
> "年度人员需求预测表"是企业通过数据的分析对比,根据结果来做一个对企业人员需求的预测评估,确保人力资源工作满足企业发展需要,达到控制人力成本的作用,这是企业人力资源规划的重要工作之一,由人力资源部门负责上交总经理审核。

1.4.2 冻结年度人员需求预测表表头窗格

在Excel表格中,表头的应用非常普遍,其作用也很大。当表格中的内容比较多且超过一屏时,在查看第二屏的时候表头就看不到了,用户在查看表格每一列数据的含义时就会很不方便。下面介绍冻结"年度人员需求预测表"表头窗格的操作方法。

➡ STEP 01　在工作表中,选择A3:A5单元格区域,如图1-80所示。

➡ STEP 02　在"视图"面板的"窗口"选项板中,单击"冻结窗格"按钮,如图1-81所示。

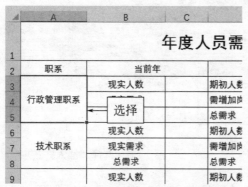
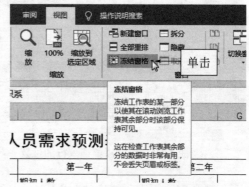

图 1-80　选择相应单元格区域　　　　图 1-81　单击"冻结窗格"按钮

> **STEP 03** 在弹出的列表框中，选择"冻结窗格"选项，如图1-82所示。
>
> **STEP 04** 执行操作后，即可完成冻结表头的操作，滚动鼠标滚轮，将显示下方的表格数据，而第1、2行的表头数据已被冻结，方便用户查看内容，效果如图1-83所示。

图 1-82　选择"冻结窗格"选项　　　　图 1-83　冻结表头窗格后的效果

1.4.3 插入表格行新增预测表数据内容

用户在制作"年度人员需求预测表"时，有时候需要新增数据内容。此时，用户可以使用Excel表格的"插入"功能，在工作表中插入行或列。下面介绍在表格中插入行与列的具体操作方法。

> **STEP 01** 在工作表中，选择需要插入行的位置，如图1-84所示。
>
> **STEP 02** 单击鼠标右键，弹出快捷菜单，选择"插入"选项，如图1-85所示。
>
> **STEP 03** 这样即可在之前选中的行标位置插入新的空白行，在插入的表格行中输入相关内容，如图1-86所示。

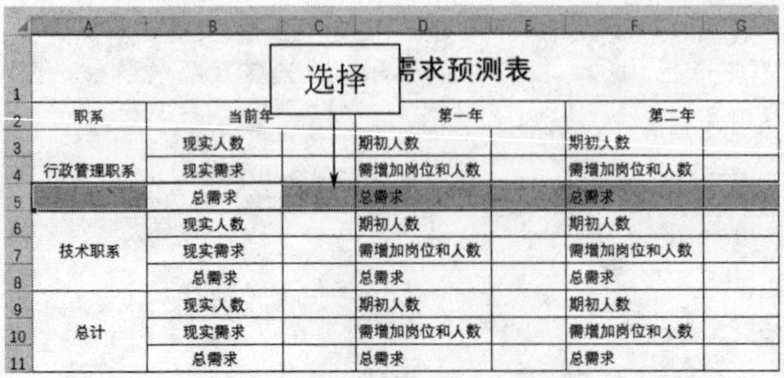

图 1-84　选择需要插入行的位置 　　　　图 1-85　选择"插入"选项

> **STEP 04** 用上述方法完成其他行的插入操作并输入相关内容，效果如图 1-87 所示。至此，完成"年度人员需求预测表"的制作。

图 1-86　输入相关内容 　　　　　　　　图 1-87　最终效果图

第 2 章

招聘：
人才的甄选与选拔录用

　　员工招聘是指企业根据人力资源规划和工作岗位的需求，从企业内部和外部吸收人力资源的过程。

　　本章主要介绍制作各种人力资源招聘表格的方法，主要包括应聘人员签到表、面试人员台账统计表、员工录用通知单以及招聘费用数据汇总表等。

第2章12个演示视频
请 扫 码 观 看

2.1 应聘登记：制作应聘人员签到表

应聘是指求职者接受企业的面试邀约，到企业面试的一种行为。求职者到企业面试时，必须填写"应聘人员签到表"。人力资源管理人员根据表中的面试日期和应聘职位等数据，可以对应聘人员进行有效的管理；对进出公司的流动人员进行有效的监控；统计应聘者的面试邀约到位率；查看应聘者的姓名、联系方式以及应聘职位等信息；通过表格中的到访时间与离开时间，查看应聘人员的初试时间等。

本实例主要介绍"应聘人员签到表"的制作流程和具体方法。

效果欣赏

"应聘人员签到表"的最终效果如图2-1所示。

应聘人员签到表							
日期	姓名	性别	联系方式	应聘职位	到访时间	离开时间	备注

图2-1 应聘人员签到表

技术点睛

1. 通过"设置单元格格式"对话框，设置表格的外边框样式，为表格添加边框框线。

2. 运用Excel的"打印"功能，对"应聘人员签到表"进行打印。

3. 运用快速访问工具栏中的"保存"按钮，对工作簿进行保存。

2.1.1 创建应聘人员签到表

在Excel中创建"应聘人员签到表",主要包括表头信息的录入以及单元格格式的设置等内容,下面介绍具体的操作方法。

STEP 01 新建一个名为"应聘人员签到表"的工作表,在A1单元格中输入"应聘人员签到表",对A1:H1单元格区域进行"合并后居中"操作,并设置单元格的行高、列宽以及字体格式,效果如图2-2所示。

STEP 02 在A2:H2单元格区域中输入相应的表头信息,设置相应的字体格式并居中对齐,设置第2~13行的单元格行高参数为26,效果如图2-3所示。

图2-2　设置A1:H1单元格区域格式　　　图2-3　输入表头并设置单元格区域格式

STEP 03 选择A2:H2单元格区域,在"开始"面板的"样式"选项板中,❶单击"单元格样式"按钮;❷在弹出的列表框中选择"20%-着色6"样式,如图2-4所示。

STEP 04 选择A1:H13单元格区域,单击鼠标右键,弹出快捷菜单,选择"设置单元格格式"选项,弹出"设置单元格格式"对话框,切换至"边框"选项卡,单击"内部"按钮和"外边框"按钮,如图2-5所示。

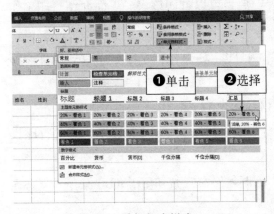
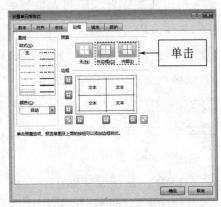

图2-4　选择相应样式　　　图2-5　单击相应按钮

> **专家提醒**
>
> "应聘人员签到表"由人力资源部负责制作并统计数据,这是人力资源部管理应聘者必须开展的一个工作流程。

◯ **STEP 05** 选择"样式"列表框中的第2列倒数第2个粗线条样式,设置外边框线条粗细样式,如图2-6所示。

◯ **STEP 06** 单击"确定"按钮后,即可完成"应聘人员签到表"的制作,效果如图2-7所示。

图 2-6 设置外边框线条粗细   图 2-7 完成应聘人员签到表的制作

2.1.2 打印应聘人员签到表

用户在制作好"应聘人员签到表"后,可以打印该表。下面介绍打印工作表的操作方法。

◯ **STEP 01** 在"文件"面板中选择"打印"选项,在左侧可以看到要打印的表格预览图,如图2-8所示。

◯ **STEP 02** 在"打印"页面设置"份数"为5,如图2-9所示。

◯ **STEP 03** 在"打印"页面单击"打印"按钮🖨,即可完成工作表的打印操作,如图2-10所示。

◯ **STEP 04** 在快速访问工具栏中,单击"保存"按钮🔲,即可保存"应聘人员签到表",如图2-11所示。

第 2 章　招聘：人才的甄选与选拔录用

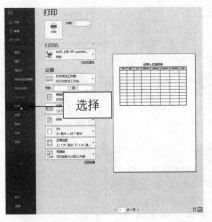

图 2-8　选择"打印"选项

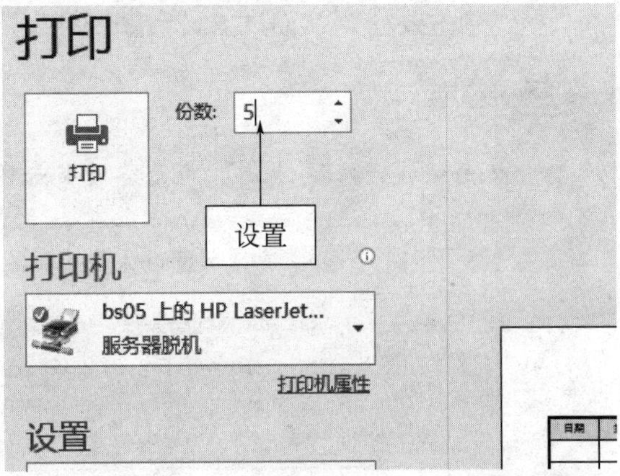

图 2-9　设置"份数"为 5

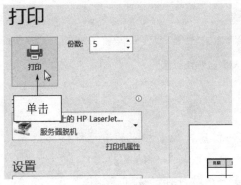

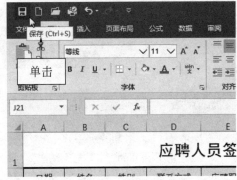

图 2-10　单击"打印"按钮

图 2-11　单击"保存"按钮

2.2　数据分析：制作面试人员台账统计表

"面试人员台账统计表"主要用于帮助人力资源管理人员对招聘数据进行收集、分析和统计。该工作表包含了应聘者的基本信息及其面试结果（即录用情况）。

人力资源部门平时可以将一些分散的招聘数据统计好，到年末就只需要进行分类汇总，这样既方便日常查看，又能节省时间，还能提高工作效率，同时还能确保数据的正确性。这样有助于人力资源部门有效地分析面试人员数据，再结合企业的实际情况找出有效的信息，可以提高招聘的效率。

本实例主要介绍"面试人员台账统计表"的制作流程和具体方法。

效果欣赏

"面试人员台账统计表"的最终效果如图2-12所示。

序号	日期	姓名	性别	年龄	面试职位	联系电话	招聘渠道	初试时间	复试时间	面试结果
1	9月1日	周一	女	27	行政总监	1XXXXXXXX0	网络招聘	9月1日	9月2日	录用
2	9月1日	金二	女	22	行政文员	1XXXXXXXX1	校园招聘	9月1日	9月2日	录用
3	9月3日	张三	男	30	市场经理	1XXXXXXXX2	人才市场	9月3日	9月4日	淘汰
4	9月5日	李四	男	23	销售专员	1XXXXXXXX3	校园招聘	9月5日	9月6日	淘汰
5	9月5日	王五	男	24	财务专员	1XXXXXXXX4	网络招聘	9月5日	9月7日	录用
6	9月9日	赵六	女	22	销售专员	1XXXXXXXX5	校园招聘	9月9日	9月9日	录用
7	9月9日	钱七	男	28	财务主管	1XXXXXXXX6	猎头公司	9月9日	9月10日	淘汰
8	9月10日	朱八	男	26	销售专员	1XXXXXXXX7	人才市场	9月10日	9月11日	录用
9	9月13日	于九	男	29	销售专员	1XXXXXXXX8	人才市场	9月13日	9月14日	淘汰
10	9月15日	柳十	女	24	行政文员	1XXXXXXXX9	网络招聘	9月15日	9月15日	录用

图 2-12　面试人员台账统计表

技术点睛

1. 在工作表中输入面试人员台账相关信息，设置相应的单元格格式。
2. 运用Excel的"筛选"功能，筛选符合录用条件的人员信息。
3. 运用Excel的"函数"功能，计算出招聘计划的完成率。
4. 完成"平均招聘周期"工作表的制作，利用Excel函数算出平均招聘周期的相关数据。

2.2.1　创建面试人员台账统计表

"面试人员台账统计表"是考核招聘工作总体情况的一个依据。下面介绍创建"面试人员台账统计表"的具体操作方法。

STEP 01　新建一个名为"面试人员台账统计"的工作表，在其中输入相关的信息，调整表内相关单元格的行高、列宽，效果如图2-13所示。

STEP 02　设置A1单元格的"字体"为"黑体"，"字号"为20，对A1:K1单元格区域进行"合并后居中"操作，并对所有单元格区域中的文字进行"居中"操作，执行操作后，即可完成面试人员台账统计表的创建，效果如图2-14所示。

第 2 章 招聘：人才的甄选与选拔录用

图 2-13 输入内容并设置单元格格式　　图 2-14 完成面试人员台账信息表的创建

2.2.2 统计符合录用的人员总数

"面试人员台账统计表"中显示的是所有的招聘数据，包括录用与淘汰人员。Excel 的"筛选"功能，可以对录用与淘汰人员进行区分，便于人力资源部门对招聘信息进行管理。下面介绍统计录用人员总数的具体操作方法。

STEP 01 在"面试人员台账统计表"中，选择 A2:K2 单元格区域，在"数据"面板的"排序和筛选"选项板中，单击"筛选"按钮，如图 2-15 所示。

STEP 02 选择 K2 单元格，❶单击右下角的下拉按钮；❷在弹出的列表框中取消选中"（全选）"复选框；❸然后选中"录用"复选框，如图 2-16 所示。

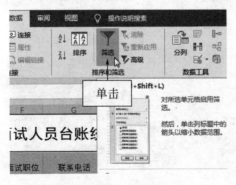

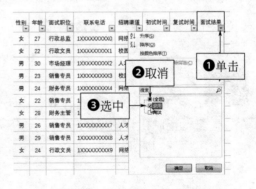

图 2-15 单击"筛选"按钮　　　　　图 2-16 选中"录用"复选框

STEP 03 单击"确定"按钮，即可看到工作表中只显示了录用人员的信息，如图 2-17 所示。

STEP 04 在当前工作表中，选择 K2 单元格以下的单元格区域，在"开始"面板的"字体"选项板中，❶单击"字体颜色"下拉按钮；❷在弹出的颜色面板中单击"标准色"下方的"红色"色块，如图 2-18 所示。

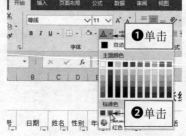

图 2-17　只显示录用人员信息　　　　　图 2-18　单击"红色"色块

> **STEP 05** 执行上述操作后，❶单击K2单元格右下角的下拉按钮；❷在弹出的列表框中选中"（全选）"复选框，如图2-19所示。

> **STEP 06** 单击"确定"按钮，即可显示整个工作表的数据，此时被录用的人员字体呈红色，用于区分淘汰人员，效果如图2-20所示。

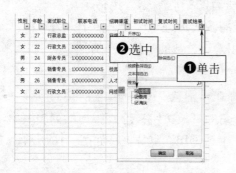

图 2-19　选中"（全选）"复选框　　　　图 2-20　区分录用人员与淘汰人员

> **专家提醒**
>
> "面试人员台账统计表"用于积累平时招聘工作的相关数据。它是进行招聘工作总结的一个重要依据，人力资源部门的工作人员必须如实填写、记录。

2.2.3　招聘计划完成率的分析

招聘计划完成率是统计分析招聘效果的重要依据，它直接反映了招聘的结果：招聘计划完成率=实际招聘人数/计划招聘人数。下面介绍计算并分析招聘计划完成率的操作方法。

> **STEP 01** 新建一个名为"招聘计划完成率"的工作表，输入相关信息，设置"对齐方式"为"居中"，调整其行高与列宽，并添加"所有框线"，效果

如图 2-21 所示。

▶ STEP 02　选择 B4 单元格，在其中输入公式：=B3/B2。具体如图 2-22 所示。

	A	B	C	D	E
1		9月	10月	11月	12月
2	计划招聘	30	16	5	7
3	实际招聘	15	10	3	3
4	完成率（%）				

图 2-21　输入工作表内容

	A	B	C	D	E
1		9月	10月	11月	12月
2	计划招聘	30	16	5	7
3	实际招聘	15	10	3	3
4	完成率（%）	=B3/B2			

图 2-22　输入公式

▶ STEP 03　按【Enter】键确认，即可得出 9 月的招聘计划完成率。选择 B4 单元格，按【Ctrl+1】组合键，弹出"设置单元格格式"对话框，在其中设置单元格中的数字为"百分比"格式，如图 2-23 所示。

▶ STEP 04　单击"确定"按钮，即可设置单元格中的数字为百分比格式。将鼠标指针移至 B4 单元格右下角，当指标变成 ✚ 形状时，按住鼠标左键并向右拖曳至 E4 单元格，即可填充数据，如图 2-24 所示。

图 2-23　设置单元格的数字为"百分比"格式

图 2-24　填充数据

专家提醒

在图 2-23 中设置单元格中的数字为"百分比"格式时，单击"小数位数"右侧的上下微调按钮，可以调整百分比数字在小数点后保留的位数。

2.2.4 平均招聘周期的分析

招聘是一种持续性的项目,一般企业会把结束的月份纳入当月的招聘周期中来计算,即平均招聘周期=招聘周期/录用人数。下面介绍计算平均招聘周期的方法。

STEP 01 新建一个名为"平均招聘周期"的工作表,在其中输入相关信息,调整行高与列宽,设置所有字体"居中",添加"所有框线",效果如图2-25所示。

STEP 02 在B4单元格内输入公式:=B2/B3。具体如图2-26所示。

	A	B	C	D	E
1		9月	10月	11月	12月
2	招聘周期	25	33	18	30
3	录用人数	5	11	18	6
4	平均招聘周期				

图 2-25 输入工作表内容并设置格式

	A	B	C	D	E
1		9月	10月	11月	12月
2	招聘周期	25	33	18	30
3	录用人数	5	11	18	6
4	平均招聘周期	=B2/B3			

图 2-26 输入公式

STEP 03 按【Enter】键确认,即可得出9月的平均招聘周期。选择B4单元格,将鼠标移至B4单元格右下角,当指针呈✚形状时,按住鼠标左键向右拖曳至E4单元格,如图2-27所示。

STEP 04 执行上述操作后,即可得出"平均招聘周期"工作表中所有月份的平均招聘周期数据。至此,完成平均招聘周期的计算,最终效果如图2-28所示。

	A	B	C	D	E
1		9月	10月	11月	12月
2	招聘周期	25	33	18	30
3	录用人数	5	11	18	6
4	平均招聘周期	5			

图 2-27 填充数据操作

	A	B	C	D	E
1		9月	10月	11月	12月
2	招聘周期	25	33	18	30
3	录用人数	5	11	18	6
4	平均招聘周期	5	3	1	5

图 2-28 最终效果图

2.3 录用管理：制作员工录用通知单

"员工录用通知单"是指从应聘者中挑选并录取符合招聘岗位要求的人员后，向其下发的录取通知，具体包括"录用人员信息表"和"员工录用通知单"两部分。

本实例主要介绍"录用人员信息表"和"员工录用通知单"的制作流程和方法。

效果欣赏

"录用人员信息表"和"员工录用通知单"的最终效果如图2-29所示。

姓名	录用岗位	年龄	入职日期	联系方式
周一	行政总监	27	9月4日	1×××××××××0
金二	行政文员	22	9月5日	1×××××××××1
王五	财务专员	24	9月10日	1×××××××××4
赵六	销售专员	22	9月10日	1×××××××××5
朱八	销售专员	26	9月12日	1×××××××××7
柳十	行政文员	24	9月16日	1×××××××××9
张宇	市场经理	33	9月18日	1×××××××××3
李丽	销售专员	25	9月18日	1×××××××××4
钱寄	财务主管	35	9月20日	1×××××××××6
于聪	销售专员	23	9月25日	1×××××××××8

录用通知单

周一先生／女士：

您好！恭喜您在应聘我公司行政总监岗位的众多候选人中脱颖而出，通过公司人力资源部面试，经总经理审批，正式通知您于 9/4/2020 来公司人力资源部报到，报到时您需提交以下资料，请于报到前准备妥当。

1. 身份证原件及复印件两张，二代身份证需要复印正反两面；
2. 学历证书、毕业证书、职称证明、其他相关证书入证明材料（原件及复印件）；
3. 专业技能入特别上岗证书（特别岗位需要）；
4. 近期一寸免冠彩色照片两张；
5. 健康证或近两个月甲级以上医院体检证明；
6. 与原单位解除劳动关系的证明文件，即：高职证明（需加盖单位公章）。

如有其他不明事宜，请与公司人力资源部联系。

联系人：
联系电话：

单位名称：（盖章）
××年××月××日

图2-29 录用人员信息表和员工录用通知单

技术点睛

1. 用Excel创建"录用人员信息表"，并为表格添加边框和底纹。
2. 用Word制作"员工录用通知单"，输入相关内容。
3. 设置"员工录用通知单"的对齐方式、段落格式，美化页面内容。
4. 运用Word的"插入合并域"功能，创建邮件合并。

2.3.1 创建录用人员信息表

"录用人员信息表"是企业掌握员工基本信息的一个途径，一般由人力资源部门进行信息的收集及记录，然后将其汇总。下面介绍创建"录用人员信息表"

的具体操作方法。

- STEP 01 新建一个名为"录用人员信息表"的工作表,输入相关内容,设置其列宽、行高,效果如图2-30所示。
- STEP 02 选择工作表中所有的单元格区域,添加"所有框线",设置A1:E1单元格区域的字体格式,将工作表内所有单元格区域设置为"居中",效果如图2-31所示。

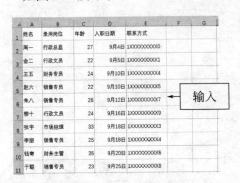

图 2-30 输入工作表内容　　　　　图 2-31 设置单元格格式后的效果

- STEP 03 选择A1:E11单元格区域,在"开始"面板的"样式"选项板中,单击"套用表格格式"按钮,如图2-32所示。
- STEP 04 在弹出的列表框中,选择"浅色"选项下的"绿色,表样式浅色14"样式,如图2-33所示。

图 2-32 单击"套用表格格式"按钮　　　图 2-33 选择表格样式

- STEP 05 弹出"套用表格式"对话框,单击"确定"按钮,在"设计"面板的"表格样式选项"选项板中,取消选中"筛选按钮"复选框,如图2-34所示。
- STEP 06 执行上述操作后,完成"录用人员信息表"的制作,效果如图2-35所示。

第2章 招聘：人才的甄选与选拔录用

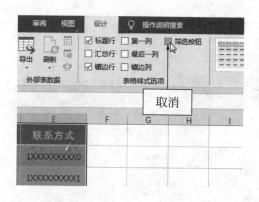

图2-34 取消选中"筛选按钮"

图2-35 完成"录用人员信息表"的制作

2.3.2 制作员工录用通知单

企业人力资源部门都会给录取人员发送员工录用通知单，以提醒其入职的各类注意事项。下面介绍制作"员工录用通知单"的具体操作方法。

● STEP 01　打开Word应用程序，新建一个名为"员工录用通知单"的文档，输入相关内容，如图2-36所示。

● STEP 02　选择文字"录用通知单"，在"开始"面板的"字体"选项板中，设置"字体"为"黑体"，"字号"为"二号"；设置其他文字的"字体"为"宋体"，"字号"为"小四"，效果如图2-37所示。

图2-36 新建文档并输入文档内容

图2-37 设置字体格式后的效果

● STEP 03　❶选择文字"录用通知单"；在"开始"面板的"段落"选项板中，❷单击"居中"按钮，如图2-38所示。

● STEP 04　❶选择所有文字；单击鼠标右键，弹出快捷菜单，❷选择"段落"

39

选项，如图2-39所示。

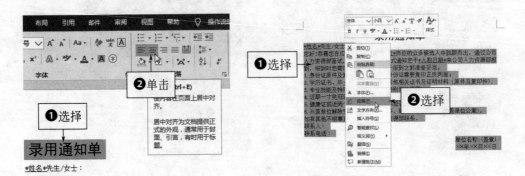

图2-38 单击"居中"按钮　　　图2-39 选择"段落"选项

STEP 05 弹出"段落"对话框，在"缩进和间距"选项卡的"间距"选项区中，❶单击"行距"下方的下拉按钮；❷在弹出的列表框中选择"1.5倍行距"选项，如图2-40所示。

STEP 06 在"缩进"选项区中，设置"特殊"为"首行"、"缩进值"为"2字符"，如图2-41所示。

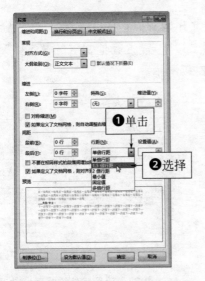 

图2-40 选择"1.5倍行距"选项　　　图2-41 设置相应格式

STEP 07 单击"确定"按钮，即可完成"员工录用通知单"的制作，如图2-42所示。

第2章 招聘：人才的甄选与选拔录用

录用通知单

*姓名*先生/女士：

您好！恭喜您在应聘我公司*录用岗位*岗位的众多候选人中脱颖而出，通过公司人力资源部面试，经总经理审批，正式通知您于*入职日期*来公司人力资源部报到，报到时您需提交以下资料，请于报到之前准备妥当。

1. 身份　原件及复印件两张，二代身份证需要复印正反两面；
2. 学历证书、毕业证书、职称证明、其他相关证书及证明材料（原件及复印件）；
3. 专业技能及特别岗位上岗证书（特别岗位需要）；
4. 近期一寸免冠彩色照片两张；
5. 健康证或近两个月甲级以上医院体检证明；
6. 与原单位解除劳动关系的证明文件，即：离职证明（需加盖单位公章）。

如有其他不明事宜，请与公司人力资源部联系。

联系人：

联系电话：

单位名称：(盖章)

××年××月××日

图 2-42　完成"员工录用通知单"的制作

2.3.3　创建邮件合并

前面已经分别介绍了创建"录用人员信息表"和"员工录用通知单"的方法，下面介绍创建邮件合并的具体操作方法。

STEP 01　在 Word 菜单栏中，依次单击"邮件""选择收件人""使用现有列表"，如图 2-43 所示。

STEP 02　弹出"选取数据源"对话框，❶在其中选择"2.3　录用管理：制作员工录用通知单.xlsx"文件；❷单击"打开"按钮，如图 2-44 所示。

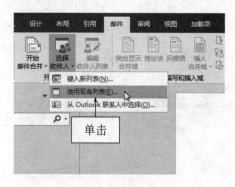

图 2-43　单击相应命令

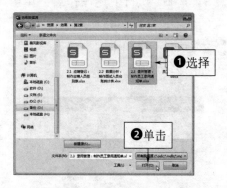

图 2-44　单击"打开"按钮

STEP 03　执行上述操作后，弹出"选择表格"对话框，❶选择"录用人员信息表$"选项；❷单击"确定"按钮，如图 2-45 所示。

图 2-45 单击"确定"按钮

> **STEP 04** ❶在文档中选择"*姓名*"文本;❷单击"插入合并域"下拉按钮;❸选择"姓名"选项,如图2-46所示。执行操作后,即可在文档中插入合并域。

> **STEP 05** 用与上同样的方法,将"*录用岗位*"和"*入职日期*"文本,分别置换成对应的合并域,效果如图2-47所示。

图 2-46 选择"姓名"选项

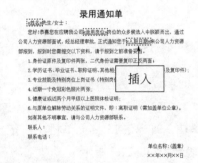

图 2-47 插入合并域

> **STEP 06** 执行上述操作后,单击"预览结果"按钮,可以查看合并邮件后的效果,如图2-48所示。

> **STEP 07** ❶单击"完成并合并"下拉按钮;❷选择"编辑单个文档"选项,如图2-49所示。

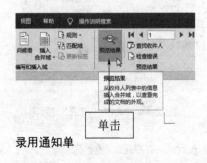

图 2-48 单击"预览结果"按钮

图 2-49 选择"编辑单个文档"选项

> **STEP 08** 弹出"合并到新文档"对话框，❶选中"全部"单选按钮；❷然后单击"确定"按钮，如图2-50所示。

> **STEP 09** 执行上述操作后，界面自动切换至Word页面，即可完成邮件合并，预览效果如图2-51所示。

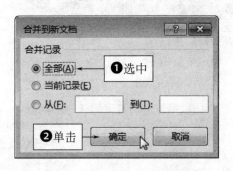

图 2-50　单击"确定"按钮　　　　　图 2-51　查看最终效果

2.4 支出管理：制作招聘费用数据汇总表

对于一个企业来说，其招聘效果的好坏不能只看招聘费用的高低，并不是费用越高，招聘效果就越好，只有找到最合适的招聘方式，才能使招聘效果达到最优。

企业的人力资源部门经常需要对招聘费用的数据进行统计汇总。在"招聘费用数据汇总表"中，人力资源部门可以了解企业招聘的各个渠道和各招聘渠道的费用占比支出情况，以及人员录用的比例等信息，进而知晓招聘成本的高低，并明确哪种招聘渠道的性价比最高等，从而在最短的时间内招到适合岗位的人才。

本实例主要介绍"招聘费用数据汇总表"的制作流程和具体方法。

效果欣赏

"招聘费用数据汇总表"的最终效果如图2-52所示。

Excel人力资源管理：从入门到精通

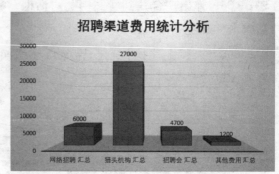

分类	子项目	7月	8月	9月	10月	11月	12月	总额（元）
网络招聘	58同城	600		600			600	1800
	智联招聘		600	600	600		600	2400
	BOSS直聘			600	600		600	1800
网络招聘 汇总								6000
猎头机构	锐伯顾问				6000	5000	4000	15000
	安沃机构	4000	4000	4000				12000
猎头机构 汇总								27000
招聘会	展览中心	600		600		600		1800
	人才市场	200	200		200	200		800
	校园招聘		500	800	900			2100
招聘会 汇总								4700
其他费用	交通	100	100			50		250
	食宿		250	250				500
	接待				100	50	150	300
	宣传		100	100				300
其他费用 汇总								1200
总计								38900

图 2-52　招聘费用数据汇总表

技术点睛

1. 在工作表中输入招聘费用数据的汇总信息，设置相应的单元格格式。
2. 运用Excel"求和"函数，计算出招聘费用的分类总额。
3. 运用Excel的汇总功能，统计招聘分类的费用。
4. 运用Excel的图表功能，分析招聘渠道的费用情况。

专家提醒

"招聘费用数据汇总图表"是由人力资源部门制作，用于统计并分析招聘情况的图表。该图表需提交至上级领导审阅，并由人力资源部门备案。

2.4.1　招聘费用支出情况分析

通过分析招聘过程中的实际支出情况，人力资源部门在未来能更好地选择招聘渠道。下面介绍制作并分析"招聘费用数据汇总表"的具体操作方法。

STEP 01　新建一个名为"招聘费用数据汇总表"的工作表，根据实际情况在表中输入相关信息，如图2-53所示。

STEP 02　在工作表中设置其行高与列宽；设置A1:I2单元格区域的字体格式；对相关单元格区域进行"合并后居中"操作，并添加"所有框线"，效果如图2-54所示。

STEP 03　选择C3:H3单元格区域，在"公式"面板的"函数库"选项板中，❶单击"自动求和"下拉按钮；❷在弹出的列表框中选择"求和"选项，如图2-55所示。

图 2-53　在工作表中输入相关信息　　　　图 2-54　设置单元格格式后的效果

🔧 **STEP 04** 此时 I3 单元格将显示求和结果，将鼠标移至 I3 单元格右下角，当指针变成 ✚ 形状时，按住鼠标左键并向下拖曳至 I14 单元格，以填充数据求和结果，如图 2-56 所示。

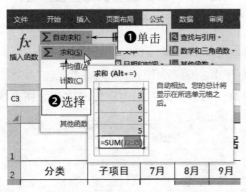

图 2-55　选择"求和"选项　　　　　　　图 2-56　填充数据求和结果

> **专家提醒**
>
> 用户也可以在 I3 单元格中输入公式：=C3+D3+G3+H3。按【Enter】键，即可得出相应的计算结果。

2.4.2　招聘费用分类汇总分析

用户在使用 Excel 制作出"招聘费用汇总数据表"后，可以对数据进行分析，了解招聘费用的支出情况。下面介绍分析招聘费用分类汇总数据的操作方法。

→ STEP 01 在工作表中选择A1:I1单元格区域,在"数据"面板的"分级显示"选项板中,单击"分类汇总"按钮,如图2-57所示。

→ STEP 02 在弹出的"分类汇总"对话框中,选中"选定汇总项"列表框中的"总额(元)"复选框,如图2-58所示。

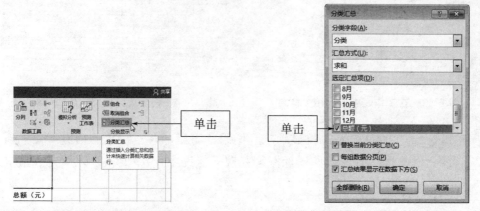

图2-57 单击"分类汇总"按钮　　　图2-58 选中"总额(元)"复选框

→ STEP 03 在下方取消选中"替换当前分类汇总"复选框,如图2-59所示。

→ STEP 04 单击"确定"按钮,即可统计出招聘费用的分类汇总数据,如图2-60所示。根据该汇总数据,用户可以对招聘费用的支出占比情况进行分析。

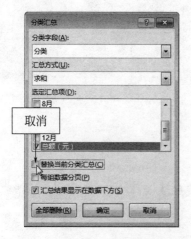
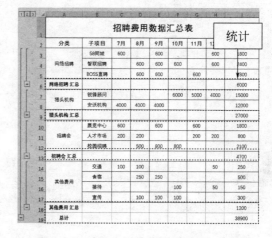

图2-59 取消选中相应的复选框　　　图2-60 统计出招聘费用的分类汇总数据

2.4.3 招聘渠道费用统计分析

招聘渠道费用统计主要是计算企业在各招聘渠道中所使用的费用,然后对比各渠道费用的数据情况，之后对这个数据进行分析，从中选择性价比最高、最合适的招聘渠道，下面介绍招聘渠道费用统计分析的具体操作方法。

➡ STEP 01 单击"招聘费用数据汇总表"左侧的"二级标题"按钮，右侧工作表中随即显示所有分类汇总的数据，如图2-61所示。

➡ STEP 02 在当前显示的单元格数据中，选择A6:A18单元格区域与I6:I18单元格区域，如图2-62所示。

图2-61 单击"二级标题"按钮　　　　图2-62 选择相关单元格区域

➡ STEP 03 在"插入"面板的"图表"选项板中，单击"插入柱形图或条形图"按钮，如图2-63所示。

➡ STEP 04 在弹出的列表框中，选择"三维簇状柱形图"图表，如图2-64所示。

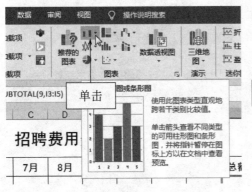
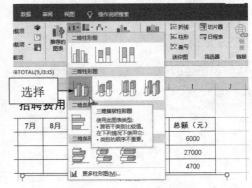

图2-63 单击"插入柱形图或条形图"按钮　　　图2-64 选择"三维簇状柱形图"图表

➡ STEP 05 将图表文本框中的"图表标题"文字修改为"招聘渠道费用统计分析"，如图2-65所示。

➡ STEP 06 ❶选择图表"网络招聘 汇总"上方的图柱；单击鼠标右键，弹出快捷菜单，❷选择"添加数据标签"选项，如图2-66所示。

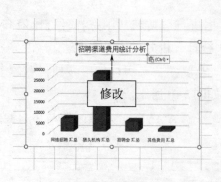

图 2-65　修改图表标题

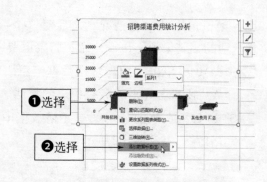

图 2-66　选择"添加数据标签"选项

➲ STEP 07　执行操作后，图表的图柱即可显示各分类数据内容，效果如图 2-67 所示。

➲ STEP 08　选择图表，在"设计"面板的"图表样式"选项板中，选择第 3 个图表样式，即可完成招聘渠道费用统计分析，效果如图 2-68 所示。

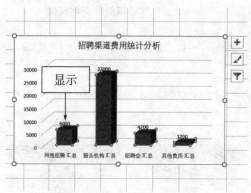

图 2-67　显示各分类数据内容

图 2-68　完成招聘渠道费用统计分析

第3章

合同：
签订员工入、离职合同

员工进入企业后，用人单位会依法与员工签订相应的劳动合同。本章主要提供了用于员工入、离职的相关表格，包括员工入职手续表、试用期结果评估表、劳动合同续订人员信息表、劳动合同管理台账表以及员工离职手续表等。

第3章12个演示视频
请扫码观看

3.1 引进人才：制作员工入职手续表

在企业中，新员工入职都是由人力资源部门带领办理入职手续的。"员工入职手续表"是新员工入职时必须要填写的表格，上面列有各个部门需要收取的员工资料与发放给员工的办公用品及文件。例如，企业对分配给每个员工的物品都会进行记录，如果物品在员工使用过程中出现不正常的毁坏，则由员工本人承担责任。因此，新员工必须填写"员工入职手续表"。

本实例主要介绍"员工入职手续表"的制作流程和具体方法。

效果欣赏

"员工入职手续表"的最终效果如图3-1所示。

员工入职手续表						
姓名		部门		岗位		
入职日期		身份证号码		填表日期		
部门	资料		数量	发放/领取签字		
人事部	身份证复印件		2份	本人签字：		
	学历及岗位资格证书复印件		1份			
	健康证或体检证明原件		1份	日期：		
	1寸免冠、近期、彩色证件照		2张	经办人签字：		
	企业制度员工守则		1份	日期：		
行政部	餐卡		1张	本人签字：		
	工作证		1张			
	工作服		2套			
	宿舍钥匙		1把	日期：		
	办公室钥匙		1把	经办人签字：		
	电脑		1台			
	签字笔		1支	日期：		
经理审核：				审核日期：		

图 3-1 员工入职手续表

技术点睛

1. 设置单元格的行高与列宽，使工作表中的内容看起来整齐、美观。
2. 设置单元格区域的对齐方式，如居中对齐、左对齐效果等。
3. 对表格进行美化，包括设置字体格式、边框样式效果等。

3.1.1 创建员工入职手续表

新员工在入职后会经历一段试用期。对于企业来说，新员工的稳定性是有待考查的。因此，在发放物品、接收员工资料的时候，人力资源部门都会进行相应记录，并要求员工签字确认。当未来出现突发情况时，这些记录都可以作为相应的依据，这对企业和员工双方都是公平的。下面介绍创建"员工入职手续表"的具体操作方法。

STEP 01 新建一个名为"员工入职手续表"的工作表，在表中输入相关的内容，效果如图3-2所示。

STEP 02 执行上述操作后，❶设置相关单元格的行高与列宽；❷设置A1单元格的"字体"为"黑体"，"字号"为20，效果如图3-3所示。

图 3-2　在表中输入相关的内容　　　图 3-3　设置单元格的字体格式效果

> **专家提醒**
>
> 办理新员工报到手续时，经办人需谨慎、小心，认真核实员工的填表个人信息，指导新员工按表格中的流程进行操作，并签字确认。

3.1.2 设置表格内容显示方式

上述操作虽然创建了"员工入职手续表"，但是工作表中的内容显得很凌乱、不美观。下面介绍设置表格内容显示方式的具体操作方法。

STEP 01 选择A1:G1单元格区域，在"开始"面板的"对齐方式"选项板中,单击"合并后居中"按钮,如图3-4所示。

◐ **STEP 02** 执行上述操作后,即可设置A1:G1单元格区域的对齐效果;❶选择A1:G4单元格区域;❷按住【Ctrl】键的同时选择A5:D17单元格区域;❸以及E17:G17单元格区域,松开【Ctrl】键即可选择多个单元格区域,如图3-5所示。

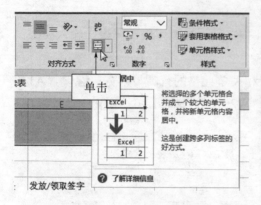

图3-4 单击"合并后居中"按钮　　　图3-5 选择相对应的单元格区域

◐ **STEP 03** 在"开始"面板的"对齐方式"选项板中,单击"垂直居中"按钮,如图3-6所示。

◐ **STEP 04** 执行上述操作后,即可设置相应单元格区域的对齐方式。用上述方法设置A5:A9单元格区域的"对齐方式"为"合并后居中",在"开始"面板的"对齐方式"选项板中,单击"方向"按钮,如图3-7所示。

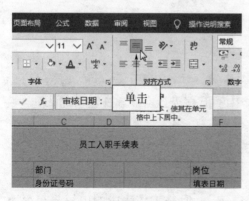 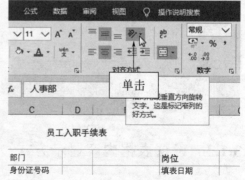

图3-6 单击"垂直居中"按钮　　　图3-7 单击"方向"按钮

◐ **STEP 05** 弹出列表框,选择"竖排文字"选项,如图3-8所示。

STEP 06 执行操作后，A5:A9单元格区域的文字方向显示为竖排，如图3-9所示。

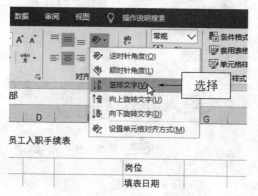

图3-8 选择"竖排文字"选项　　　图3-9 文字方向显示为竖排

STEP 07 用与上同样的方法，设置A10:A16单元格区域的文字方向为竖排，效果如图3-10所示。

STEP 08 ❶设置B4:C4单元格区域的"对齐方式"为"合并后居中"；❷在"开始"面板的"剪贴板"选项板中双击"格式刷"按钮，如图3-11所示。

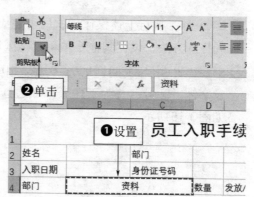

图3-10 设置相应单元格区域文字竖排效果　　　图3-11 双击"格式刷"按钮

STEP 09 当光标呈现形状时，单击B5:C5单元格区域，运用格式刷合并单元格区域并居中对齐，再分别单击B6:C16单元格区域，效果如图3-12所示。

STEP 10 ❶按【Esc】键后选择E5:G6单元格区域；❷在"开始"面板的"对齐方式"选项板中单击"合并后居中"右侧的下拉按钮；❸在弹出的列表框中选择"合并单元格"选项，如图3-13所示。

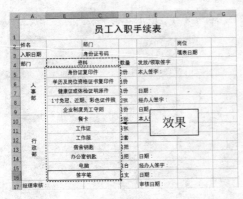

图 3-12　依次单击 B6:B16 区域的效果

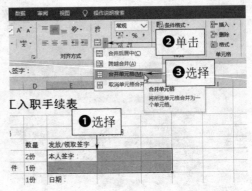

图 3-13　选择"合并单元格"选项

> **专家提醒**
>
> 用户还可以通过其他方法选择多个单元格区域，只需单击"编辑栏"左边的"名称框"，使名称框处于激活状态，在"名称框"中输入第一个单元格名称和最后一个单元格名称，例如A1:G1，按【Enter】键确认，即可选择相邻的多个单元格。

STEP 11 执行上述操作后，即可完成E5:G6单元格区域的合并操作，用与上同样的方法，设置其他相关单元格区域的格式，效果如图3-14所示。

STEP 12 用与上同样的方法选择相应单元格，设置表格内容的对齐方式以及字体、字号，并为工作表添加边框，完成表格内容显示方式的设置，效果如图3-15所示。

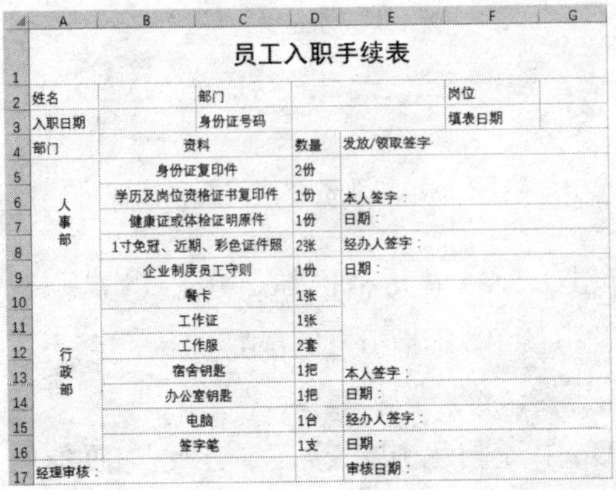

图 3-14　设置其他相关单元格格式效果

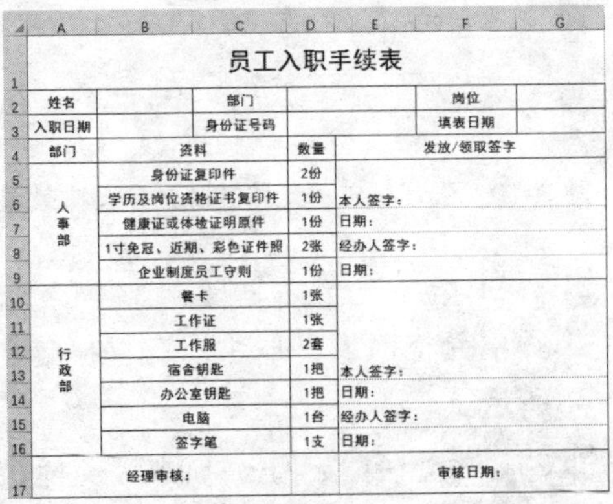

图 3-15　完成表格内容显示方式的设置

3.2 入职试用：制作试用期结果评估表

"新员工试用期结果评估表"由"新员工试用期表现鉴定表"和"新员工试用期评估表"组成。新员工转正需要由新员工所在的部门对新员工进行考核评估，人力资源部门根据部门与上级的评价来判断员工是否符合转正的要求。

本实例主要介绍"新员工试用期结果评估表"的制作流程和具体方法。

效果欣赏

"新员工试用期结果评估表"的最终效果如图3-16所示。

新员工试用期表现鉴定表			
姓名		性别		入职日期	
部门		岗位		试用时间	
试用期考核成绩	分（具体见"新员工试用期评估表"）		
考核结果	□试用合格，同意转正 □试用不合格，辞退		
备注说明			
员工本人签字		部门经理		
人力资源部		总经理		

新员工试用期评估表				
姓名	张三		入职日期	9月15日
部门	业务部		试用时间	3个月
序号	考评内容（100分）	自我评分（分）	部门评分（分）	平均分
1	工作内容（20分）	18	17	17.5
2	工作业绩（20分）	16	17	16.5
3	工作态度（20分）	20	18	19
4	工作创新（10分）	7	7	7
5	个人素质（10分）	10	10	10
6	沟通交流（10分）	9	10	9.5
7	服从管理（10分）	10	9	9.5
	总 分	90	88	89
本人签字			部门经理	
人事部			总经理	

图 3-16 新员工试用期结果评估表

技术点睛

1. 制作"新员工试用期表现鉴定表"，并在表中输入相关信息。
2. 制作"新员工试用期评估表"，并在表中输入相关的数据信息。
3. 运用Excel的AVERAGE函数计算平均分。

3.2.1 创建新员工试用期表现鉴定表

新员工在转正的时候，需要在部门考核后进行试用评估鉴定。人力资源部门需要根据"新员工试用期表现鉴定表"的结果对新员工进行意见签署，并为其办理转正或离职手续。下面介绍创建"新员工试用期表现鉴定表"的具体操作方法。

STEP 01 新建一个名为"新员工试用期表现鉴定表"的工作表，在其中输入相关内容，并设置相应单元格的行高与列宽，效果如图3-17所示。

STEP 02 选择A1:F1单元格区域,设置"对齐方式"为"合并后居中"与"垂直居中",设置"字体"为"黑体"、"字号"为18,设置A1:F1单元格区域的字体格式,并设置工作表中其他单元格区域的格式,效果如图3-18所示。

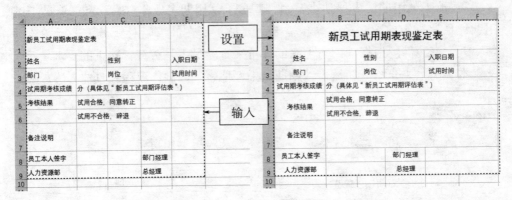

图 3-17 在表中输入相关的内容　　　　图 3-18 设置相关单元格格式后的效果

STEP 03 选择A1:F9单元格区域,按【Ctrl+1】组合键,弹出"设置单元格格式"对话框,❶切换至"边框"选项卡;❷在"样式"选项区中选择第1列最后一种线条样式;❸在"预置"选项区中单击"内部"按钮与"外边框"按钮;❹单击"确定"按钮,即可在工作表中添加框线效果,如图3-19所示。

STEP 04 将光标移至B4单元格内第一个字前面,按【Ctrl+U】组合键,连续按空格键,即可在单元格中添加下划线,效果如图3-20所示。

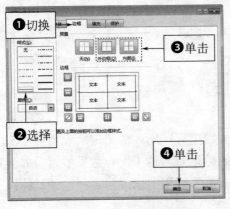
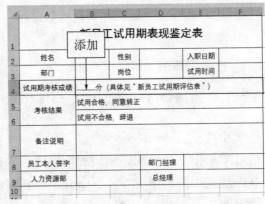

图 3-19 设置边框框线　　　　图 3-20 在单元格内添加下划线

STEP 05 选择B5单元格,将光标置于文字最前面,在"插入"面板的"符号"选项板中,单击"符号"按钮Ω,弹出"符号"对话框,❶设置"子集"为"几何图形符";❷在备选图库中选择复选框,如图3-21所示。单击"插入"按钮,即可在B5单元格中插入复选框。

➡ STEP 06 单击"关闭"按钮,关闭"符号"对话框;用与上同样的方法,将光标置于B6单元格文字最前面,打开"符号"对话框,选择复选框,单击"插入"按钮,在B6单元格中插入复选框,完成工作表的制作,效果如图3-22所示。

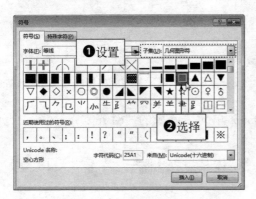

图 3-21 选择复选框

图 3-22 完成插入复选框的操作

专家提醒

用户还可以用其他方法添加下划线:在"开始"面板的"字体"选项板中,单击"下划线"按钮U,连续按多次空格键即可。

3.2.2 创建新员工试用期评估表

"新员工试用期评估表"是员工转正的重要依据,也是员工对自身工作的一个评价。部门根据员工自我评分及平常工作的表现酌情打分,然后对员工与部门的评分取平均分,最后移交人力资源部门。下面介绍创建"新员工试用期评估表"的具体操作方法。

➡ STEP 01 新建一个名为"新员工试用期评估表"的工作表,在表中输入相关的内容,设置工作表的行高与列宽,效果如图3-23所示。

➡ STEP 02 设置A1:E14单元格区域的"对齐方式"为"居中",效果如图3-24所示。

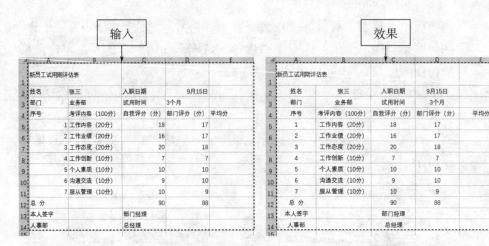

图 3-23 在表中输入相关的内容　　　　图 3-24 设置单元格格式效果

STEP 03 设置A1:E1、D2:E2以及D3:E3单元格区域的"对齐方式"为"合并后居中",效果如图3-25所示。

STEP 04 设置A1:E1单元格区域的"字体"为"黑体"、"字号"为18,效果如图3-26所示。

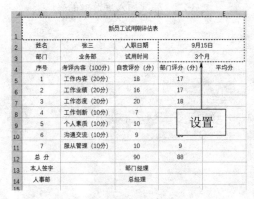

图 3-25 设置相关单元格的格式效果　　　图 3-26 设置相关单元格的字体格式

STEP 05 为工作表添加"所有框线",设置相应单元格的格式,选择E5单元格,在单元格中输入公式:=AVERAGE(C5:D5)。具体如图3-27所示。

STEP 06 按【Enter】键确认,此时在E5单元格中显示员工评估成绩平均分的结果为17.5。选择E5单元格将鼠标指针移至E5单元格右下角,当指针呈现✚形状时,按住鼠标左键并向下拖曳至E12单元格,即可完成对员工评估成绩平均分的数据填充,效果如图3-28所示。至此,完成"新员工试用期结果评估表"的制作。

第3章 合同：签订员工入、离职合同

序号	考评内容(100分)	自我评分(分)	部门评分(分)	平均分
	新员工试用期评估表			
姓名	张三	入职日期		9月15日
部门	业务部	试用时间		3个月
1	工作内容(20分)	18		=AVERAGE(C5:D5)
2	工作业绩(20分)	16	17	
3	工作态度(20分)	20	18	
4	工作创新(10分)	7	7	
5	个人素质(10分)	10	10	
6	沟通交流(10分)	9	10	
7	服从管理(10分)	10	9	
	总 分	90	88	
本人签字		部门经理		
人事部		总经理		

图 3-27 在单元格中输入公式

序号	考评内容(100分)	自我评分(分)	部门评分(分)	平均分
	新员工试用期评估表			
姓名	张三	入职日期		9月15日
部门	业务部	试用时间		3个月
1	工作内容(20分)	18	17	17.5
2	工作业绩(20分)	16	17	16.5
3	工作态度(20分)	20	18	19
4	工作创新(10分)	7	7	7
5	个人素质(10分)	10	10	10
6	沟通交流(10分)	9	10	9.5
7	服从管理(10分)	10	9	9.5
	总 分	90	88	89
本人签字		部门经理		
人事部		总经理		

图 3-28 完成对员工评估成绩平均分的数据填充

3.3 留住人才：制作劳动合同续订人员信息表

在企业中，合同工制的员工必须与企业签订劳动合同，约定双方的权利与义务，第1次可签订的年限为1～3年；第2次续订劳动合同时，可以根据前期工作情况签订3～5年；第3次可签订更长时间。人力资源部门会定期统计劳动合同续订人员信息，如有合同快到期的，人力资源部门会通过双方协商，进行合同的续订工作。

本实例主要介绍"劳动合同续订人员信息表"的制作流程和具体方法。

效果欣赏

"劳动合同续订人员信息表"的最终效果如图3-29所示。

姓名	部门	职务	入职日期	合同生效日期	合同截止日期	续订合同年限	续订合同截止日期	续订情况
			劳动合同续订人员信息表					
周一	管理部	行政总监	2017/5/5	2017/5/5	2020/5/4	3	2023/5/31	已续订
金二	管理部	行政文员	2018/5/6	2018/5/6	2020/5/5	1	2021/5/30	未续订
张三	销售部	市场经理	2018/5/10	2018/5/10	2020/5/9	2	2022/5/31	已续订
李四	销售部	销售专员	2019/5/15	2019/5/15	2020/5/14	1	2021/5/30	未续订
王五	财务部	财务专员	2019/5/15	2019/5/15	2020/5/14	1	2021/5/30	未续订
赵六	销售部	销售专员	2019/5/16	2019/5/16	2020/5/15	2	2022/5/31	已续订
钱七	财务部	财务主管	2018/5/13	2018/5/13	2020/5/12	3	2023/5/31	已续订
朱八	销售部	销售专员	2018/5/17	2018/5/17	2019/5/16	1	2020/5/30	已续订
于九	销售部	销售专员	2018/5/20	2018/5/20	2019/5/19	1	2020/5/30	未续订
柳十	管理部	行政文员	2019/5/23	2019/5/23	2020/5/22	2	2022/5/31	已续订

图 3-29 劳动合同续订人员信息表

技术点睛

1. 通过 Excel 2016 的 DATE 函数，计算出续订合同的截止日期。
2. 通过填充数据操作，得出所有员工续订合同的截止日期。
3. 通过在工作表中创建数据透视表，统计出未续订合同的人员信息。

3.3.1 创建劳动合同续订人员信息

"劳动合同续订人员信息表"中包含了姓名、部门、职务、入职日期、合同生效日期、合同截止日期、续订合同年限、续订合同截止日期以及续订情况等信息，人力资源部必须根据实际情况记录员工信息，下面介绍创建"劳动合同续订人员信息表"的具体操作方法。

STEP 01 新建一个名为"劳动合同续订人员信息表"的工作表，在工作表中输入相应的信息，设置工作表的行高与列宽，效果如图3-30所示。

STEP 02 设置表中相关单元格的格式属性，并在工作表中添加"所有框线"，效果如图3-31所示。

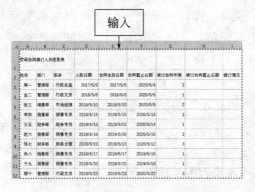

图 3-30　在工作表中输入相应的信息

图 3-31　在工作表中添加框线效果

STEP 03 设置A1:I1单元格区域的"字体"为"黑体"、"字号"为18，设置单元格的字体格式，效果如图3-32所示。

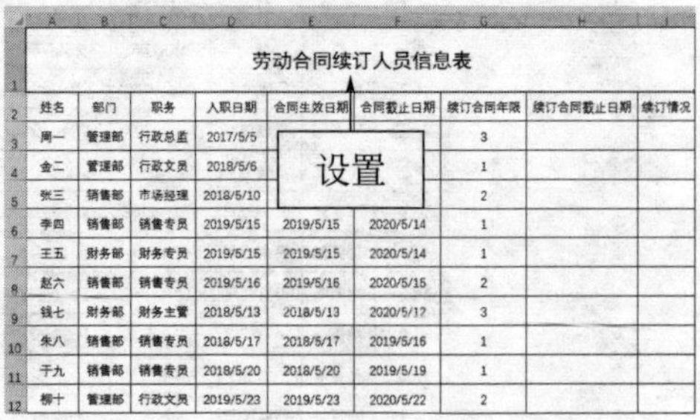

图 3-32　设置单元格的字体效果

> **专家提醒**
>
> 例如，在员工劳动合同期满前10日，人力资源部门会通知员工本人及用人部门。用人部门根据员工合同期内的工作表现决定是否继续聘用该员工，并将结果及时反馈给人力资源部门。人力资源部门根据双方续订劳动合同的意愿，通知员工签订劳动合同。员工应在接到通知3日内到人力资源部门签订劳动合同，逾期不签且未说明，视为自动待岗。员工劳动合同期满而原工作部门不同意续订合同，员工又未能联系到新的部门去工作，则劳动合同终止；合同期满员工不愿意再在该企业工作的，可以终止劳动合同；合同约定的终止条件出现时，合同亦应终止。

3.3.2 统计出续订合同的截止日期

对于人力资源部来说，企业所有员工的劳动合同信息数据是非常庞大的，对于计算续订合同的截止日期更是不能出错，所以必须要用有效快捷的方法计算日期，下面介绍统计出续订合同的截止日期的具体操作方法。

STEP 01 在工作表中，选择H3单元格，在表格上方的编辑栏中输入以下公式：=DATE(YEAR(F3)+G3,IF(DAY(F3)=1,MONTH(F3),MONTH(F3)+1),1)-IF(DAY(G3)=1,2,1)。具体如图3-33所示。

STEP 02 按【Enter】键确认，此时在H3单元格中的结果显示为"2023/5/31"，即计算出周一的续订合同截止日期为2023年5月31日，如图3-34所示。

图 3-33 在编辑栏中输入公式　　图 3-34 计算出续订合同的截止日期

STEP 03 选中H3单元格，将鼠标移至H3单元格右下角，当指针呈现+形状时，按住鼠标左键并向下拖曳至H12单元格，即可填充其他员工续订合同截止日期的计算结果，效果如图3-35所示。

劳动合同续订人员信息表

姓名	部门	职务	入职日期	合同生效日期	合同截止日期	续订合同年限	续订合同截止日期	续订情况
周一	管理部	行政总监	2017/5/5	2017/5/5	2020/5/4	3	2023/5/31	
金二	管理部	行政文员	2018/5/6	2018/5/6	2020/5/5	1	2021/5/30	
张三	销售部	市场经理	2018/5/10	2018/5/10	2020/5/9	2	2022/5/31	
李四	销售部	销售专员	2019/5/15	2019/5/15	2020/5/14	1	2021/5/30	
王五	财务部	财务专员	2019/5/15	2019/5/15	2020/5/14	1	2021/5/30	
赵六	销售部	销售专员	2019/5/16	2019/5/16	2020/5/15	2	2022/5/31	
钱七	财务部	财务主管	2018/5/13	2018/5/13	2020/5/12	3	2023/5/31	
朱八	销售部	销售专员	2018/5/17	2018/5/17	2019/5/16	1	2020/5/30	
于九	销售部	销售专员	2018/5/20	2018/5/20	2019/5/19	1	2020/5/30	
柳十	管理部	行政文员	2019/5/23	2019/5/23	2020/5/22	2	2022/5/31	

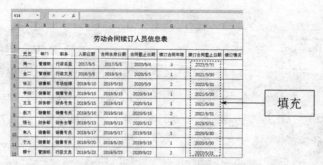

图 3-35　填充其他员工续订合同截止日期的计算结果

3.3.3 统计出未续订合同的人员信息

在统计劳动合同的人员续订情况时，需要分别统计已经续订的人员与还未续订的人员信息。下面介绍统计未续订合同的人员信息的具体操作方法。

STEP 01 在工作表中的对应位置填写续订情况数据，如图3-36所示。

劳动合同续订人员信息表

姓名	部门	职务	入职日期	合同生效日期	合同截止日期	续订合同年限	续订合同截止日期	续订情况
周一	管理部	行政总监	2017/5/5	2017/5/5	2020/5/4	3	2023/5/31	已续订
金二	管理部	行政文员	2018/5/6	2018/5/6	2020/5/5	1	2021/5/30	未续订
张三	销售部	市场经理	2018/5/10	2018/5/10	2020/5/9	2	2022/5/31	已续订
李四	销售部	销售专员	2019/5/15	2019/5/15	2020/5/14	1	2021/5/30	未续订
王五	财务部	财务专员	2019/5/15	2019/5/15	2020/5/14	1	2021/5/30	未续订
赵六	销售部	销售专员	2019/5/16	2019/5/16	2020/5/15	2	2022/5/31	已续订
钱七	财务部	财务主管	2018/5/13	2018/5/13	2020/5/12	3	2023/5/31	已续订
朱八	销售部	销售专员	2018/5/17	2018/5/17	2019/5/16	1	2020/5/30	已续订
于九	销售部	销售专员	2018/5/20	2018/5/20	2019/5/19	1	2020/5/30	未续订
柳十	管理部	行政文员	2019/5/23	2019/5/23	2020/5/22	2	2022/5/31	已续订

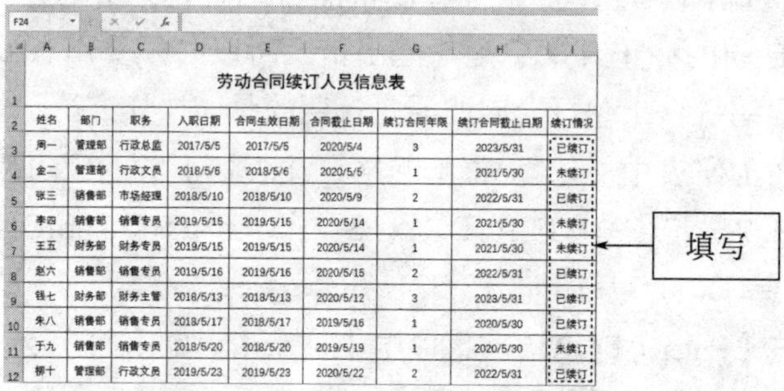

图 3-36　填写续订情况数据

STEP 02 选择J2单元格，在“插入”面板的“表格”选项板中，单击“数据透视表”按钮，如图3-37所示。

STEP 03 弹出“创建数据透视表”对话框，不更改任何信息，单击“确定”按钮，如图3-38所示。

STEP 04 生成空白的数据透视表后，弹出“数据透视表字段”面板，在“分析”面板的“工具”选项板中单击“推荐的数据透视表”按钮，如图3-39所示。

STEP 05 弹出“推荐的数据透视表”对话框，在对话框中选择“计数项：姓名，按职务（+）和续订情况”选项，如图3-40所示。

STEP 06 单击“确定”按钮，即可完成数据透视表的制作，单击“数据透视表字段”面板右上角的“关闭”按钮，如图3-41所示。

第3章 合同：签订员工入、离职合同

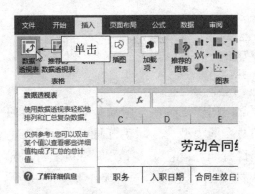

图 3-37 单击"数据透视表"按钮

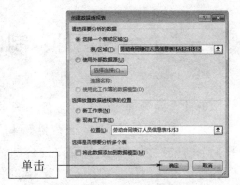

图 3-38 单击"确定"按钮

STEP 07 调整数据透视表中的列宽，即可看到统计出的续订信息，未续订合同的有 4 人，已续订合同的有 6 人，如图 3-42 所示。至此，完成"劳动合同续订人员信息表"的制作。

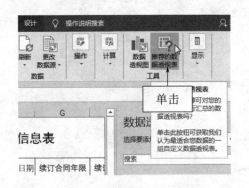

图 3-39 单击"推荐的数据透视表"按钮

图 3-40 选择相应选项

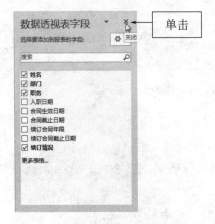

图 3-41 单击"关闭"按钮

图 3-42 统计续订信息

63

3.4 合同管理：制作劳动合同管理台账表

劳动合同管理台账是企业人力资源部门用于记录员工劳动合同详细资料的工作表，表中主要包含员工姓名、部门、合同类型、合同签订日期、合同终止日期、合同期限、变更日期以及合同续订日期等信息。为了方便对员工劳动合同的详细资料进行管理，人力资源部门需要制作"劳动合同管理台账表"。

本实例主要介绍"劳动合同管理台账表"的制作流程和具体方法。

效果欣赏

"劳动合同管理台账表"的最终效果如图3-43所示。

劳动合同管理台账表									
								日期	2020/10/30
序号	姓名	部门	合同类型	合同签订日期	合同终止日期	合同期限	变更日期	合同续订日期	备注
1	周一	行政部	固定期限	2017/11/3	2020/11/3	3年			
3	王五	行政部	固定期限	2018/4/5	2020/4/5	2年		2020/4/5	
4	赵六	行政部	固定期限	2019/3/8	2021/3/8	2年			
5	朱八	业务部	固定期限	2018/12/13	2022/12/13	4年	2020/6/6	2020/6/6	
6	柳十	业务部	固定期限	2019/3/15	2021/3/15	2年	2020/3/15	2020/3/15	
11	张三	设计部	固定期限	2019/12/20	2022/12/20	3年	2020/10/15	2020/10/15	
12	李四	设计部	固定期限	2017/11/27	2020/11/27	3年			
13	钱七	财务部	固定期限	2018/9/16	2021/9/16	3年			
14	杨涛	财务部	固定期限	2018/7/5	2020/7/5	2年		2020/7/5	
18	刘琦	人事部	固定期限	2019/12/11	2020/12/11	1年			
19	林园	工程部	固定期限	2020/6/6	2022/6/6	2年			
		固定期限 计数	11						
2	金二	行政部	试用期协议	2020/9/1	2020/11/1	2月			
7	张宇	业务部	试用期协议	2020/5/5	2020/8/5	3月			
8	李丽	业务部	试用期协议	2020/5/10	2020/8/10	3月			
15	胡宇	财务部	试用期协议	2020/6/13	2020/9/13	3月			
16	唐璐	人事部	试用期协议	2020/8/6	2020/11/6	3月			
		试用期协议 计数	5						
9	钱寄	设计部	无固定期限	2016/8/8	合同法定终止	合同法定终止			
10	于聪	设计部	无固定期限	2017/1/24	合同法定终止	合同法定终止			
17	柳林	人事部	无固定期限	2019/5/14	合同法定终止	合同法定终止			
20	张毅	工程部	无固定期限	2020/8/7	合同法定终止	合同法定终止			
		无固定期限 计数	4						
		总计数	20						

图3-43 劳动合同管理台账表

技术点睛

1. 运用Excel的TEXT函数，计算在职人员固定期限合同与试用期协议的合同期限数据。

2. 运用Excel的TODAY函数，自动更新工作表的日期。

3. 通过Excel按"合同类型"对工作表进行排序和分类汇总。

3.4.1 创建劳动合同管理台账表

为了保证"劳动合同管理台账表"中数据的准确性,人力资源管理人员应及时更新员工变动信息。下面介绍创建"劳动合同管理台账表"的具体操作方法。

➡ **STEP 01** 新建一个名为"劳动合同管理台账表"的工作表,在工作表中输入相应的信息,设置工作表的行高与列宽,效果如图3-44所示。

➡ **STEP 02** 执行上述操作后,设置工作表中单元格的对齐方式以及字体格式等,效果如图3-45所示。

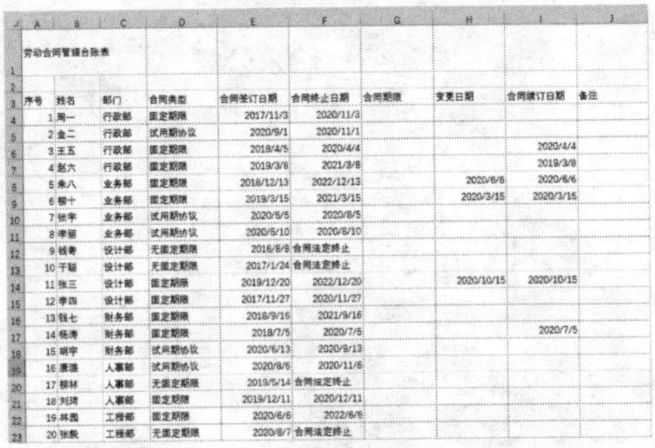

图 3-44 在工作表中输入相应的信息

图 3-45 设置单元格格式效果

3.4.2 统计在职人员合同期限

企业人力资源部门在统计所有员工的劳动合同数据时,涉及的数据量是非常庞大的。此时,可以利用一些快捷的方法计算在职人员劳动合同的期限。下面介绍统计在职人员合同期限的具体操作方法。

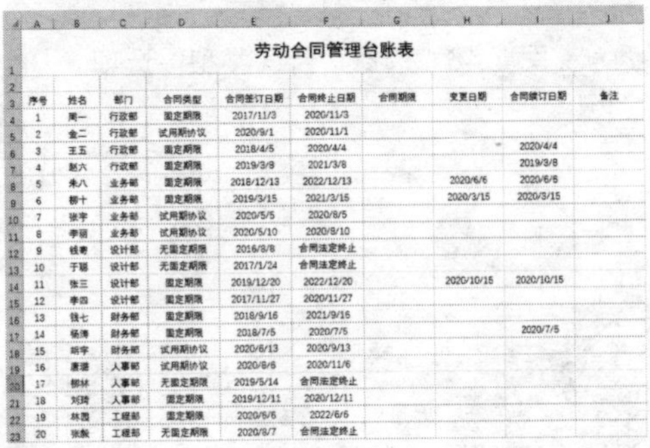

➡ **STEP 01** 选择A3:J23单元格区域,在"数据"面板的"排序和筛选"选项板中,单击"排序"按钮,弹出"排序"对话框,❶单击"主要关键字"右侧的下拉按钮;❷在弹出的列表框中选择"合同类型"选项,如图3-46所示。

➡ **STEP 02** 单击"确定"按钮,对工作表进行排序操作,❶选择G4单元格;❷在编辑栏中输入公式:=TEXT(SUM(DATEDIF(E4,F4,{"y"})*{1}),"0年")。具体如图3-47所示。

➡ **STEP 03** 按【Enter】键确认,即可得出G4单元格数据结果为"3年"。选择G4单元格,将鼠标指针移至G4单元格右下角,当指针呈现➕形状时,按住鼠标左键并向下拖曳至G14单元格,即可填充其他在职人员固定期限合同的数据,效果如图3-48所示。

➡ **STEP 04** ❶选择G15单元格;❷在工作表上方的编辑栏中输入公式:=TEXT(SUM(DATEDIF(E15,F15,{"m"})*{1}),"0月")。具体如图3-49所示。

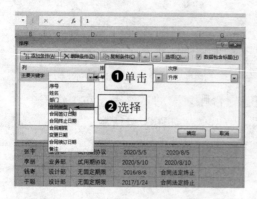

图 3-46 选择"合同类型"选项

图 3-47 输入公式

图 3-48 填充其他在职人员固定期限合同的数据

图 3-49 输入公式

> **STEP 05** 按【Enter】键确认,此时G15单元格中显示结果为"2月",用拖曳的方法填充其他在职人员试用期协议的期限,效果如图3-50所示。

> **STEP 06** 因无固定期限的合同都是法定终止的,所以在G20:G23单元格区域中,依次输入"合同法定终止"即可,如图3-51所示。

图 3-50 填充其他在职人员试用期协议的期限

图 3-51 依次输入"合同法定终止"

3.4.3 劳动合同管理台账分析

劳动合同管理台账分析主要是为了区分不同的合同类型。下面介绍劳动合同管理台账分析的具体操作方法。

➡ **STEP 01** 选择A2:I2单元格区域并合并，输入内容为"日期"，设置"对齐方式"为"右对齐"，效果如图3-52所示。

➡ **STEP 02** 选择J2单元格，在单元格中输入公式:=TODAY()。由此可得出续订合同的日期，效果如图3-53所示。

图3-52 输入内容并设置"对齐方式"　　　　图3-53 得出续订合同的日期

> **专家提醒**
>
>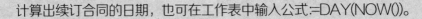
> 计算出续订合同的日期，也可在工作表中输入公式:=DAY(NOW())。

➡ **STEP 03** 选择A3:I23单元格区域，在"数据"面板的"分级显示"选项板中，单击"分类汇总"按钮，在弹出的"分类汇总"对话框中，❶设置"分类字段"为"合同类型"；❷设置"汇总方式"为"计数"；❸在"选定汇总项"下方选中"合同类型"复选框，如图3-54所示。

➡ **STEP 04** 单击"确定"按钮，即可完成合同类型的分类汇总操作。结果显示：签固定期限合同的员工有11人、签试用期协议的有5人、签无固定期限合同的有4人，如

图3-54 选中"合同类型"复选框

图 3-55 所示。至此，完成"劳动合同管理台账表"的制作。

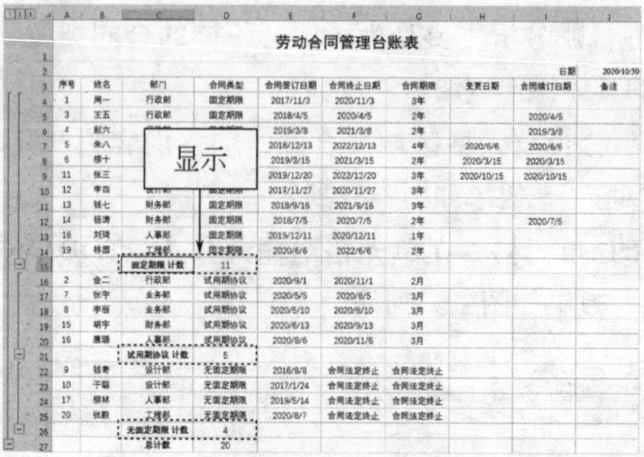

图 3-55 完成合同类型的分类汇总操作

> **专家提醒**
>
> 劳动合同管理台账由企业人力资源部门负责制作，它是人力资源部门按照实际情况对员工劳动合同信息进行及时更新的依据。例如：员工的劳动合同信息有变动时，需要提前变更劳动合同期限；或者有些员工的劳动合同期限未到，需要解除劳动合同等。人力资源部门要及时更新"劳动合同管理台账表"，以免员工信息混乱，发生与企业员工现状衔接不上的情况。

3.5 离职管理：制作员工离职手续表

在企业中，员工如果因故辞职，应提前1个月向其部门经理及总经理提出书面申请。员工主管应与辞职员工积极沟通，对绩效良好的员工努力挽留，探讨改善其工作环境、条件和待遇的可能性。离职时，员工必须填写员工离职手续表。

本实例主要介绍员工离职手续表的制作流程和具体方法。

效果欣赏

员工离职手续表包含"辞职申请表"和"离职交接表"，效果如图3-56所示。

辞职申请表					
姓名		部门		岗位	
入职日期		合同到期日期		申请辞职日期	
辞职申请（原因陈述）					
员工本人签字：			日期：		
部门经理意见					
部门经理签字：			日期：		
员工离职日期：______年______月______日					
人事部经理审批		总监审批		总经理审批	

离职交接表					
姓名		部门		岗位	
入职日期		申请辞职日期		离职日期	
离职原因	□辞职　□辞退　□退休　□病退　□停薪留职				
交接事项	交接明细	是否交接完成	对接人员	对接部门负责人	
岗位交接	1．……				
	2．……				
	3．……				
物品交接	餐卡				
	工作证				
	工作服				
	宿舍钥匙				
	办公室钥匙				
	电脑				
	签字笔				
财务交接	未报销款项				
	清还物品借用款				
	工资结算				
人事交接	解除劳动合同				
	离职证明				
	解除社保				
	档案入库				
离职员工	部门经理	人事部经理	行政部经理	财务部经理	总经理

图 3-56　员工离职手续表

技术点睛

1. 制作“辞职申请表”，在表中填写相关的辞职申请信息内容。

2. 制作“离职交接表”，在表中填写相关的离职交接信息内容。

3.5.1　创建员工辞职申请表

员工辞职需要递交“辞职申请表”，员工辞职申请需要经过相关部门审批，并对员工的辞职原因进行调查，与员工进行离职面谈。下面介绍创建“辞职申请表”的具体操作方法。

STEP 01 新建一个名为“辞职申请表”的工作表，在表中输入相关的内容，并设置表中单元格的行高与列宽，效果如图3-57所示。

STEP 02 选择A1:F1单元格区域，设置“对齐方式”为“合并后居中”与“垂直居中”；设置“字体”为“黑体”、“字号”为18，设置单元格的字体格式，效果如图3-58所示。

STEP 03 选择A2:F3单元格区域，❶设置单元格区域的“对齐方式”为“垂直居中”与“居中”；❷设置A4:F4单元格区域的“对齐方式”为“合并单元格”“垂直居中”，效果如图3-59所示。

STEP 04 设置A5:F5、A8:F8以及A10:F10单元格区域的“对齐方式”为“合并单元格”“垂直居中”，效果如图3-60所示。

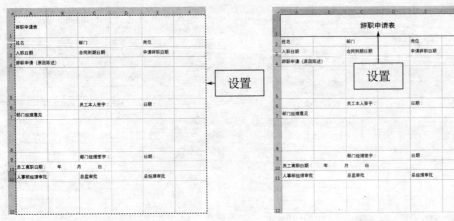

图 3-57 输入内容并设置　　　　图 3-58 设置相关单元格
　　行高与列宽　　　　　　　　　　字体格式效果

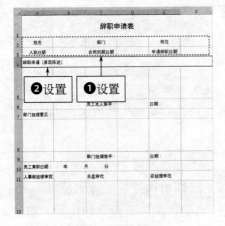

图 3-59 设置单元格　　　　　　图 3-60 设置单元格
　　格式效果（1）　　　　　　　　　　格式效果（2）

STEP 05 ❶设置 A11:B11、A12:B12、C11:D11、C12:D12、E11:F11 以及 E12:F12 单元格区域的"对齐方式"为"合并后居中"、"垂直居中"；❷设置 A6:C6、D6:F6、A7:F7、A9:C9 以及 D9:F9 单元格区域的"对齐方式"为"合并单元格""垂直居中"，效果如图 3-61 所示。

STEP 06 选择 A10:F10 单元格区域，将光标移至"年"字前面，选择"年"字前面所有空格，如图 3-62 所示。

STEP 07 按【Ctrl＋U】组合键，即可添加下划线效果，用与上同样的方法，在表中相关单元格区域添加下划线效果，如图 3-63 所示。

第3章 合同：签订员工入、离职合同

> STEP 08 在工作表中相应位置添加框线效果，如图3-64所示。

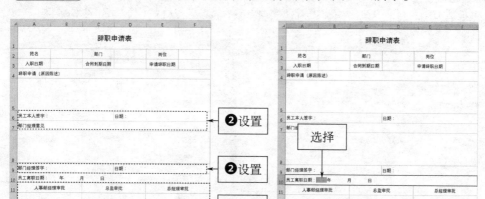

图 3-61 设置单元格格式效果（3）　　　图 3-62 选择"年"字前面所有空格

图 3-63 添加下划线效果

图 3-64 在工作表中添加框线效果

3.5.2 创建员工离职交接表

"离职交接表"用于记录员工离职时，对人力资源部门或其他部门下发的办公物资进行清点、移交的情况。该过程由各相关部门的负责人负责监督执行。下面介绍创建"员工离职交接表"的具体操作方法。

> STEP 01 新建一个名为"离职交接表"的工作表，在表中输入相关的内容，并设置表中单元格的行高与列宽，效果如图3-65所示。

STEP 02 选择A1:F1单元格区域，设置"对齐方式"为"合并后居中"与"垂直居中"；设置"字体"为"黑体"、"字号"为18，效果如图3-66所示。

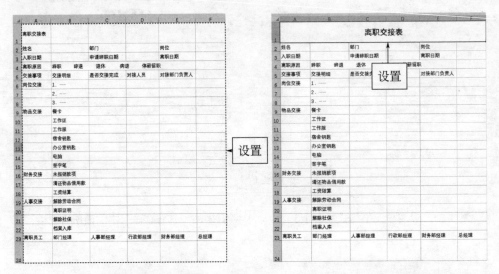

图3-65 在表中输入相关的内容　　　　图3-66 设置相关单元格字体格式效果

STEP 03 ❶选择B4:F4单元格区域；❷在"开始"面板的"对齐方式"选项板中单击"合并后居中"右侧的下拉按钮 ；❸在弹出的列表框中选择"合并单元格"选项，如图3-67所示。

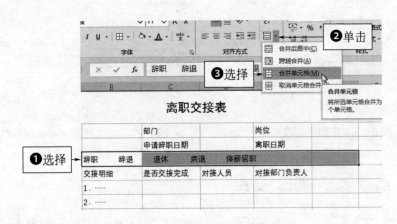

图3-67 选择"合并单元格"选项

STEP 04 执行上述操作后，设置工作表中其他单元格区域的格式及对齐方式，效果如图3-68所示。

STEP 05 在工作表中添加"所有框线"，效果如图3-69所示。

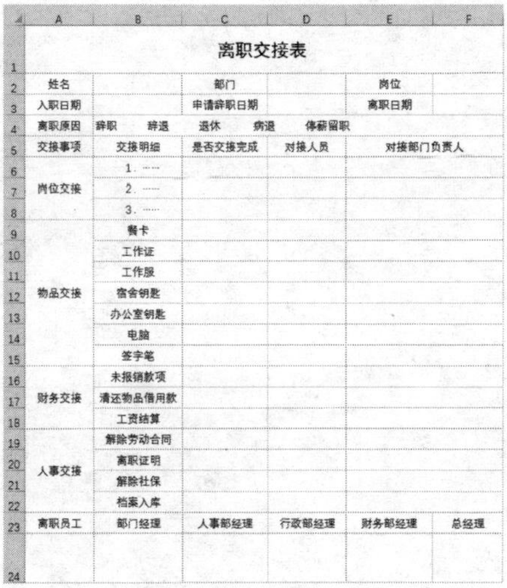

第 3 章　合同：签订员工入、离职合同

图 3-68　设置单元格格式效果 　　　图 3-69　在工作表中添加"所有框线"效果

→ STEP 06　选择B4单元格，将光标置于文字最前面，在"插入"面板的"符号"选项板中，单击"符号"按钮Ω，弹出"符号"对话框，❶设置"子集"为"几何图形符"；❷在备选符号库中选择复选框，如图3-70所示。

→ STEP 07　单击"插入"按钮，插入成功后，单击"关闭"按钮，关闭对话框。按【Ctrl+C】组合键复制插入的复选框，在表格的其他对应位置按【Ctrl+V】组合键粘贴复选框，执行操作后，即完成插入复选框的操作，效果如图3-71所示。

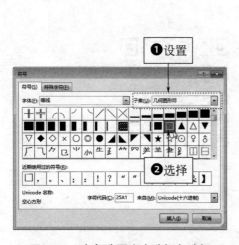

图 3-70　在备选图库中选择复选框

图 3-71　完成插入复选框的操作

73

第4章

培训：
高效培训提升员工能力

企业培训是人力资源管理部门的一个重要职能，对提高职员的素质、工作效率有很重要的作用。本章主要提供了用于企业培训开发的相关表格，并详细介绍了应用Excel设计相关培训表格的方法及技巧。

第4章9个演示视频
请 扫 码 观 看

4.1 培训管理：制作员工培训记录表

企业人力资源部门会针对员工培训的情况制作一张"员工培训记录表"，记录各部门培训人员的名字、培训内容、培训日期、培训讲师以及培训后的考核成绩等，并以此分析员工的培训效果。人力资源部门会将培训记录表存入档案，作为下次开展培训工作的一个重要依据，从而使培训效果越来越好，让企业员工的技能越来越娴熟，促使企业发展得越来越好。

本实例主要介绍"员工培训记录表"的制作流程和具体方法。

效果欣赏

"员工培训记录表"的最终效果如图4-1所示。

序号	姓名	部门	培训内容	培训日期	培训讲师	培训成绩	备注
8	钱七	财务部	MRP运算	9月5日	专职培训师	及格	
9	杨清	财务部	财务专业知识	9月6日	专职培训师	良	
10	刘琦	财务部	发票管理知识	9月7日	财务部经理	及格	
		财务部 计数	3				
11	林园	技术部	网页设计	9月5日	技术部主管	不及格	
12	金二	技术部	网页设计	9月5日	技术部主管	良	
13	张宇	技术部	网页设计	9月5日	技术部主管	良	
		技术部 计数	3				
14	李丽	人事部	招聘与考勤	9月8日	人事部主管	及格	
15	胡宇	人事部	合同与绩效	9月10日	人事部主管	良	
		人事部 计数	2				
5	柳十	设计部	广告平面设计	9月6日	设计部总监	优	
6	赵六	设计部	广告平面设计	9月6日	设计部总监	不及格	
7	李四	设计部	广告平面设计	9月6日	设计部总监	良	
		设计部 计数	3				
1	周一	市场部	市场拓展	9月5日	市场部经理	及格	
2	王五	市场部	市场营销	9月6日	专职培训师	及格	
3	赵六	市场部	品牌规划	9月7日	市场部经理	优	
4	朱八	市场部	市场分析	9月8日	专职培训师	良	
		市场部 计数	4				
		总计数	15				

序号	姓名	部门	培训内容	培训日期	培训讲师	培训成绩	备注
3	赵六	市场部	品牌规划	9月7日	市场部经理	优	
5	柳十	设计部	广告平面设计	9月6日	设计部总监	优	
					优 计数	2	
4	朱八	市场部	市场分析	9月8日	专职培训师	良	
7	李四	设计部	广告平面设计	9月6日	设计部总监	良	
9	杨清	财务部	财务专业知识	9月6日	专职培训师	良	
12	金二	技术部	网页设计	9月5日	技术部主管	良	
13	张宇	技术部	网页设计	9月5日	技术部主管	良	
					良 计数	5	
1	周一	市场部	市场拓展	9月5日	市场部经理	及格	
2	王五	市场部	市场营销	9月6日	专职培训师	及格	
8	钱七	财务部	MRP运算	9月5日	专职培训师	及格	
10	刘琦	财务部	发票管理知识	9月7日	财务部经理	及格	
14	李丽	人事部	招聘与考勤	9月8日	人事部主管	及格	
15	胡宇	人事部	合同与绩效	9月10日	人事部主管	及格	
					及格 计数	6	
6	赵六	设计部	广告平面设计	9月6日	设计部总监	不及格	
11	林园	技术部	网页设计	9月5日	技术部主管	不及格	
					不及格 计数	2	
					总计数	15	

图4-1 员工培训记录表

技术点睛

1.创建"员工培训记录表"，对表格进行美化，对单元格中的数据进行"合并后居中"操作，设置字体格式、表格边框等。

2.运用Excel的"排序"功能，按部门对培训数据进行排序。

3.运用Excel的"分类汇总"功能，统计各部门培训人数。

4.运用Excel的"分类汇总"功能，统计员工的培训成绩。

4.1.1 创建员工培训记录表

"员工培训记录表"用于记录企业员工参与培训的情况。下面介绍创建"员工培训记录表"的具体操作方法。

STEP 01 创建一个名为"员工培训记录表"的工作表，在表内输入相关信息内容，如图4-2所示。

STEP 02 在工作表中，设置表格的行高与列宽，效果如图4-3所示。

图4-2　输入表中相关信息　　　　图4-3　设置表格行高与列宽的效果

STEP 03 选择A1:H1单元格区域，设置"对齐方式"为"合并后居中"与"垂直居中"；设置A2:H17单元格区域的"对齐方式"为"垂直居中"与"居中"，效果如图4-4所示。

STEP 04 选择并设置A1单元格的"字体"为"黑体"，"字号"为20；对A2:H2单元格区域的字体进行"加粗"，为表格添加"所有框线"，完成"员工培训记录表"的制作，效果如图4-5所示。

图4-4　设置单元格"对齐方式"后的效果　　　　图4-5　完成"员工培训记录表"的制作

4.1.2 分类汇总部门人数

企业会根据每个部门培训需求制订培训计划，每个部门的人数也会不同，下面介绍用"分类汇总"功能统计各部门人数的操作方法。

STEP 01 ❶选择A2:H17单元格区域；❷在"数据"面板的"排序与筛选"选项板中单击"排序"按钮，如图4-6所示。

STEP 02 弹出"排序"对话框，在"排序"对话框中，设置"列"选项下的"主要关键字"为"部门"，如图4-7所示。

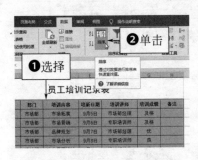

图4-6 单击"排序"按钮

图4-7 设置"主要关键字"为"部门"

STEP 03 单击"确定"按钮，即可按部门进行排序，效果如图4-8所示。

STEP 04 选择C2:C17单元格区域，在"数据"面板的"分级显示"选项板中，单击"分类汇总"按钮，如图4-9所示。

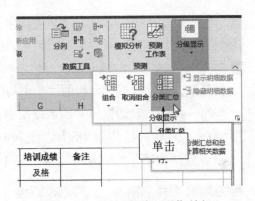

图4-8 按部门排序效果　　　　图4-9 单击"分类汇总"按钮

STEP 05 弹出"分类汇总"对话框，❶设置"汇总方式"为"计数"；❷单击"确定"按钮，如图4-10所示。

STEP 06 执行上述操作后，即可分类汇总各部门培训人数，效果如图4-11所示。

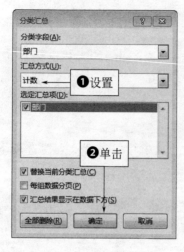

图 4-10　单击"确定"按钮

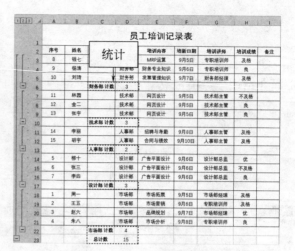

图 4-11　分类汇总各部门培训人数

> **专家提醒**
>
> 人力资源部门相关人员负责跟进、统计以及汇总"员工培训记录表"中的相关数据，并将这些数据作为下一次培训申请的依据。

4.1.3　分类汇总培训成绩

每个部门的员工培训成绩都是根据其培训情况与考核情况得出的。下面介绍分类汇总员工培训成绩的具体操作方法。

● **STEP 01**　在 4.1.1 节制作的"员工培训记录表"的基础上，选择 A2:H17 单元格区域，在"数据"面板的"排序与筛选"选项板中，单击"排序"按钮，弹出"排序"对话框，如图 4-12 所示。

● **STEP 02**　在"排序"对话框中，❶设置"主要关键字"为"培训成绩"；❷设置"次序"为"降序"，如图 4-13 所示。

图 4-12　弹出"排序"对话框

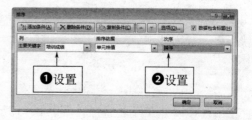

图 4-13　设置"次序"为"降序"

专家提醒

用户在“开始”面板的“编辑”选项板中，单击“排序和筛选”按钮$\frac{A}{Z}$▼，也可以对单元格进行升序或降序操作。

STEP 03 单击“确定”选项，即可按培训成绩进行排序，效果如图4-14所示。

STEP 04 选择G2:G17单元格区域，在“数据”面板的“分级显示”选项板中，单击“分类汇总”按钮，如图4-15所示。

员工培训记录表

序号	姓名	部门	培训内容	培新日期	培训讲师	培训成绩	备注
3	赵六	市场部	品牌规划	9月7日	市场部经理	优	
5	柳十	设计部	广告平面设计	9月6日	设计部总监	优	
4	朱八	市场部	市场分析	9月8日	专职培训师	良	
7	李四	设计部	广告平面设计	9月6日	设计部总监	良	
9	杨涛	财务部	财务专业知识	9月6日	专职培训师	良	
12	金二	技术部	网页设计	9月5日	技术部主管	良	
13	张宇	技术部	网页设计	9月5日	技术部主管	良	
1	周一	市场部	市场拓展	9月5日	市场部经理	及格	
2	王五	市场部	市场营销	9月6日	专职培训师	及格	
8	钱七	财务部	MRP运算	9月5日	专职培训师	及格	
10	刘琦	财务部	发票管理知识	9月7日	财务部经理	及格	
14	李丽	人事部	招聘与考勤	9月8日	人事部主管	及格	
15	胡宇	人事部	合同与绩效	9月10日	人事部主管	及格	
6	张三	设计部	广告平面设计	9月6日	设计部总监	不及格	
11	林园	技术部	网页设计	9月5日	技术部主管	不及格	

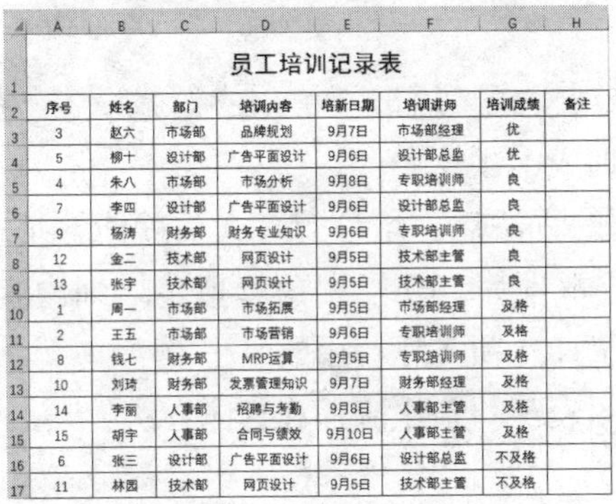

图4-14 按培训成绩排序效果

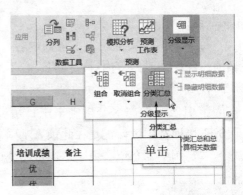

图4-15 单击“分类汇总”按钮

STEP 05 弹出“分类汇总”对话框，❶设置“汇总方式”为“计数”；❷选中“培训成绩”复选框，如图4-16所示。

STEP 06 单击“确定”按钮，即可完成分类汇总培训成绩的操作，效果如图4-17所示。

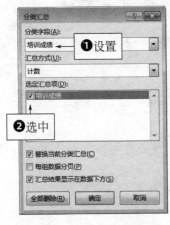

图4-16 选中“培训成绩”复选框

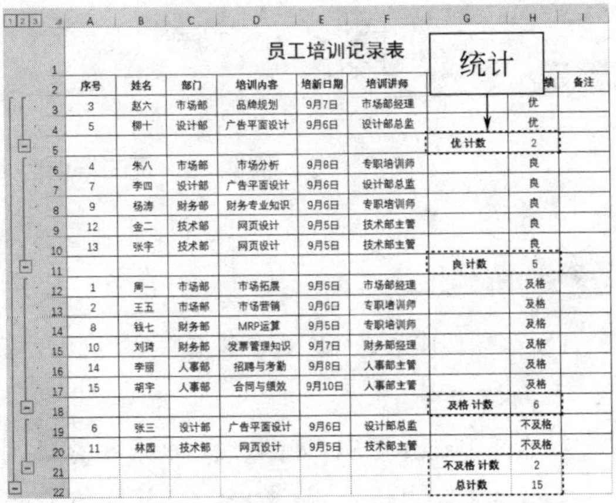

图4-17 完成分类汇总培训成绩

> **专家提醒**
>
> 在"分类汇总"对话框中,单击左下角的"全部删除"按钮,可以删除表格内的所有分类汇总数据,将数据还原至初始状态。

4.2 实施费用:制作员工培训费用统计表

每个培训模块都规定了培训内容、培训模式、培训所使用的设施设备、培训地点和培训时间等内容,同时进行了培训成本预算。

在分析了培训需求并找到了解决问题的方法后,培训管理人员就能够把成本因素引入培训需求分析中来进行培训成本预算,并根据预算拟定培训内容,而员工培训费用统计正是在此预算基础上统计各项实际费用的过程。

本实例主要介绍"员工培训费用统计图表"的制作流程和具体方法。

效果欣赏

"员工培训费用统计图表"的最终效果如图4-18所示。

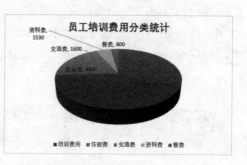

图4-18 员工培训费用统计表

技术点睛

1.新建工作表,输入培训费用的明细类别,并设置字体格式、单元格格式,添加边框等。

2.运用Excel的SUM函数,计算各类培训费用的支出情况。

3.运用Excel的SUM函数,计算所有费用的总计情况。

4.运用三维饼图来展示培训费用的分类统计。

4.2.1 设置培训项目明细类别

企业每个部门的培训项目都是不相同的,每个培训项目都会产生不同的费用。通常,企业人力资源部门会利用"员工培训费用统计表"来记录员工各项培训的费用支出情况。下面介绍设置培训费用明细类别的具体操作方法。

STEP 01 新建一个名为"员工培训费用统计表"的工作表,在其中输入相关数据,效果如图4-19所示。

STEP 02 在工作表内,设置表格的行高与列宽,效果如图4-20所示。

图 4-19 输入相关数据　　　　图 4-20 设置表格的行高与列宽

STEP 03 选择A1:J1单元格区域,❶设置"对齐方式"为"合并后居中"与"垂直居中";❷设置A2:J14单元格区域的"对齐方式"为"垂直居中"与"居中";❸设置A14:D14单元格区域的"对齐方式"为"合并后居中",效果如图4-21所示。

STEP 04 ❶为表格添加"所有框线";❷设置A1:J1的字体格式,执行上述操作后,即可完成设置培训项目明细类别的操作,效果如图4-22所示。

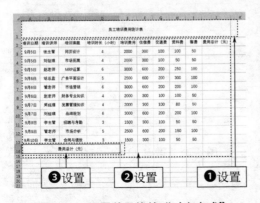 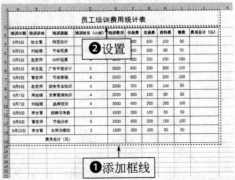

图 4-21 设置单元格的"对齐方式"　　图 4-22 完成设置培训项目明细类别的操作

4.2.2 统计培训费用支出情况

统计培训费用的支出情况，一是与之前做的培训费用预算做对比，分析有无超额或节省开支的情况；二是能为下一次做培训费用预算提供参考依据。下面介绍统计培训费用支出情况的具体操作方法。

STEP 01 选择J3单元格，在"公式"面板的"函数库"选项板中，单击"自动求和"按钮∑，如图4-23所示。

STEP 02 在弹出的列表框中，选择"求和"选项，如图4-24所示。

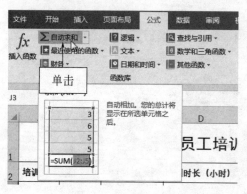

图4-23 单击"自动求和"按钮 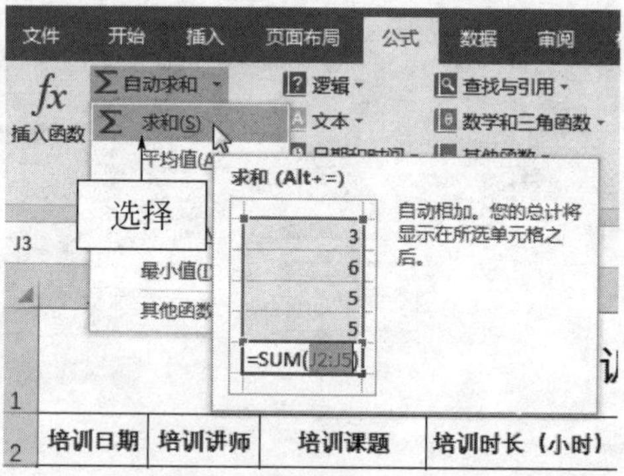　　　图4-24 选择"求和"选项

STEP 03 在工作表中按住鼠标左键的同时，将蓝色边框从D3单元格向右拖曳至E3单元格，如图4-25所示。

STEP 04 按【Enter】键确认，即可得出J3单元格的费用总计，如图4-26所示。

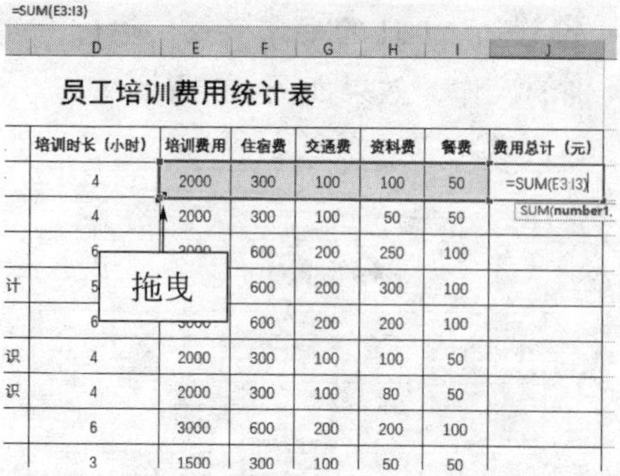

图4-25 拖曳单元格区域 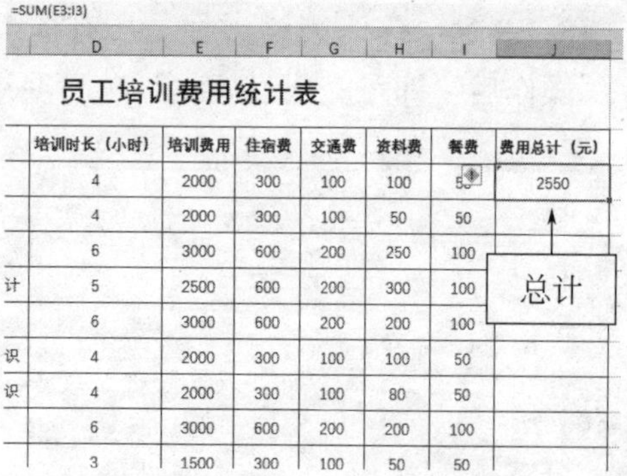　　　图4-26 得出J3单元格费用总计

STEP 05 选择J3单元格，将鼠标指针移至J3单元格右下角，当指针呈现╋形状时，按住鼠标左键并向下拖曳至J13单元格，释放鼠标左键，即可得出

J4:J13 单元格区域的费用总计，效果如图 4-27 所示。

→ STEP 06　执行上述操作后，可以看到每个单元格左上角都有一个绿色角标，❶ 选择 J3:J13 单元格区域；❷ 单击左上角的角标符号；❸ 在弹出的列表框中选择"忽略错误"选项，如图 4-28 所示。

图 4-27　得出其他单元格费用总计

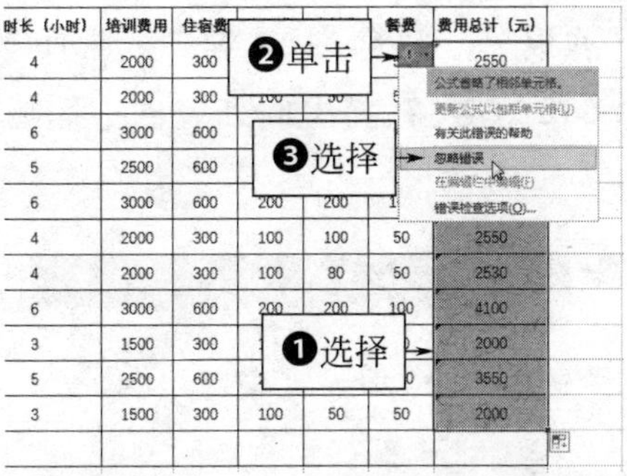

图 4-28　选择"忽略错误"选项

→ STEP 07　执行上述操作后，即可消除单元格内的绿色角标，效果如图 4-29 所示。

→ STEP 08　用上述方法在 E14:J14 单元格区域中得出费用总计数，如图 4-30 所示。至此，完成统计培训费用支出情况的操作。

图 4-29　消除绿色角标

图 4-30　得出费用总计数

专家提醒

培训费用预算包括实训场地成本费、材料损耗费、师资培训费、住宿费、管理费以及资料费等。进行合理预算、尽量减少培训费用是培训管理者所要考虑的重要问题。在支付各项培训费用的过程中，培训管理者要保留好单据及发票证明，移交财务部审核、报销。

4.2.3 图表展示培训费用的分类

完成培训费用的统计后,可以使用图表展示培训费用的分类情况,下面介绍具体的操作方法。

STEP 01 选择E2:I2与E14:I14单元格区域,在"插入"面板的"图表"选项板中,单击"插入饼图或圆环图"按钮,如图4-31所示。

STEP 02 在弹出的列表框中选择"三维饼图"选项,即可插入图表,如图4-32所示。

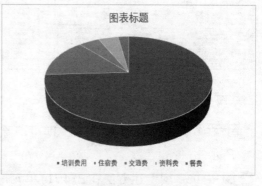

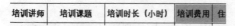

图 4-31 单击"插入饼图或圆环图"按钮　　　图 4-32 插入图表

STEP 03 选择"图表标题"文本框,将"图标标题"修改为"员工培训费用分类统计",如图4-33所示。

STEP 04 为圆饼图添加数据标签,在圆饼图上单击鼠标右键,弹出快捷菜单,选择"设置数据标签格式"选项,弹出"设置数据标签格式"面板,在下方分别选中"类别名称""值"以及"显示引导线"复选框,如图4-34所示。

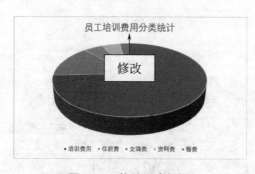

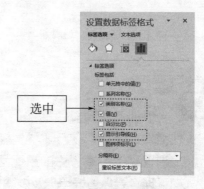

图 4-33 修改图表标题　　　图 4-34 选中相应复选框

第4章 培训：高效培训提升员工能力

> **专家提醒**
>
> 在"插入饼图"列表框中，选择"更多饼图"选项，在弹出的对话框中用户可以根据实际需要选择多种不同的饼图样式。

⊃ STEP 05 选择整个图表，在"设计"面板的"图表样式"选项板中，选择"样式5"图表样式，如图4-35所示。

⊃ STEP 06 执行上述操作后，即可完成用图表展示培训费用的分类情况，效果如图4-36所示。

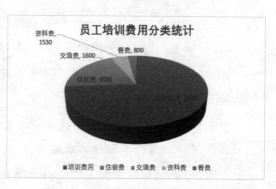

图 4-35 选择"样式 5"图表样式　　　　图 4-36 图表展示培训费用的分类

4.3 效果评估：制作员工培训成绩统计表

培训需要高层领导的支持，而要想取得高层领导的支持，最有效的方式就是提供一份详细的培训项目评估报告，让领导知道自己的投资会取得什么样的回报。只有当领导知道支持培训能获得怎样的效益后，他们才会给予有力的行政支持和资金保障。培训效益的评估除了用来向高层管理人员汇报外，也是对培训部门工作的一个很好的总结，有利于培训管理者日后对培训工作进行改进，而"员工培训成绩统计表"就是评估的重要依据。

本实例主要介绍"员工培训成绩统计表"的制作流程和具体方法。

效果欣赏

"员工培训成绩统计表"的最终效果如图4-37所示。

序号	部门	姓名	培训项目	培训时长(小时)	笔试分数	实际操作	总分	是否通过考核	排名
1	市场部	周一	市场拓展	4	65	68	67.1	通过	10
2	市场部	王五	市场营销	6	60	65	63.5	通过	12
3	市场部	赵六	品牌规划	6	90	97	94.9	通过	2
4	市场部	朱八	市场分析	5	75	80	78.5	通过	6
5	设计部	柳十	广告平面设计	5	96	99	98.1	通过	1
6	设计部	张三	广告平面设计	5	48	60	56.4	不通过	14
7	设计部	李四	广告平面设计	5	68	80	76.4	通过	7
8	财务部	钱七	MRP运算	6	63	65	64.4	通过	11
9	财务部	杨涛	财务专业知识	4	70	78	75.6	通过	8
10	财务部	刘琦	发票管理知识	4	63	63	63	通过	13
11	技术部	林园	网页设计	4	60	50	53	不通过	15
12	技术部	金二	网页设计	4	76	95	89.3	通过	3
13	技术部	张宇	网页设计	4	80	86	84.2	通过	4
14	人事部	李丽	招聘与考勤	3	79	79	79	通过	5
15	人事部	胡宇	合同与绩效	3	59	75	70.2	通过	9

成绩统计说明:
1. 培训考试总分统计：笔试分数占30%，实际操作分数占70%。
2. 培训成绩总分达到60分判为通过，未达到60分判为不通过。

图 4-37　员工培训成绩统计表

技术点睛

1.新建工作表，输入培训成绩的明细类别，运用Excel的SUM函数，汇总员工的笔试成绩与实际操作成绩的总分。

2.运用Excel的IF函数，判定员工培训的成绩是否通过考核。

3.运用Excel的条件格式，设置颜色以区分"是否通过考核"。

4.运用Excel的RANK函数，计算员工培训成绩的排名情况。

专家提醒

"员工培训成绩统计表"由人力资源部门负责填写并进行统计汇总，再统一上交给相关负责人，由相关负责人交给上级领导，并根据培训情况进行总结，以此作为下次培训计划的重要依据。

4.3.1 函数汇总员工培训的总分

员工培训主要分为实操与笔试，两者取分比例是不一样的，下面介绍用函数汇总员工培训总分的操作方法。

STEP 01 新建一个名为"员工培训成绩统计表"的工作表，在其中输入相关的信息，如图4-38所示。

STEP 02 设置相关单元格的字体格式、行高与列宽，并设置相关单元格区域的对齐方式，同时为表格添加"所有框线"，效果如图4-39所示。

第4章 培训：高效培训提升员工能力

图 4-38 新建工作表并输入相关信息　　图 4-39 设置单元格格式后的效果

STEP 03 选择H3单元格，输入公式:=F3*0.3+G3*0.7。具体如图4-40所示。

STEP 04 按【Enter】键确认，H3单元格即可显示总分为67.1。选中H3单元格，将鼠标指针移到该单元格右下角，当指针变成╋形状时，按住鼠标左键并向下拖曳至H17单元格，释放鼠标左键进行数据填充，即可完成对其他员工的培训成绩进行汇总的操作，效果如图4-41所示。

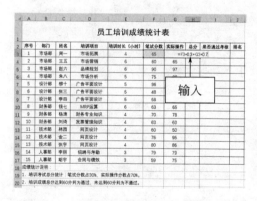 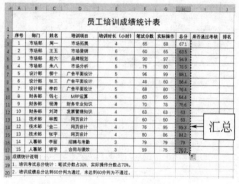

图 4-40 输入公式　　图 4-41 对其他员工的培训成绩进行汇总

4.3.2 判定员工成绩是否通过考核

企业对员工进行培训时，都会制定一个考核的标准，以判定员工成绩是否通过考核。下面介绍用函数判定员工成绩是否通过考核的操作方法。

STEP 01 选择I3单元格，在单元格内输入公式:=IF(H3>=60,"通过","不通过")。具体如图4-42所示。

STEP 02 按【Enter】键确认，此时I3单元格显示结果为"通过"，用上述方法填充其他单元格的成绩判定结果，效果如图4-43所示。

图 4-42　输入 IF 函数公式　　　　图 4-43　填充其他单元格的成绩判定结果

⇨ STEP 03　选择 I3:I17 单元格区域，在"开始"面板的"样式"选项板中，单击"条件格式"按钮，如图 4-44 所示。

⇨ STEP 04　在弹出的列表框中，选择"新建规则"选项，如图 4-45 所示。

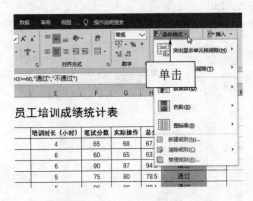

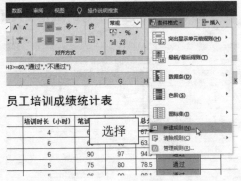

图 4-44　单击"条件格式"按钮　　　　图 4-45　选择"新建规则"选项

⇨ STEP 05　弹出"新建格式规则"对话框，❶在"选择规则类型"下方的列表框中选择"只为包含以下内容的单元格设置格式"选项；❷在下方设置相应的格式条件，如图 4-46 所示。

⇨ STEP 06　单击"预览"右侧的"格式"按钮，如图 4-47 所示。

> **专家提醒**
>
> 　　用户在工作表中设置"不通过"的成绩为红色时，也可在"设置单元格格式"对话框的"字体"选项卡中，设置"不通过"的字体类型。

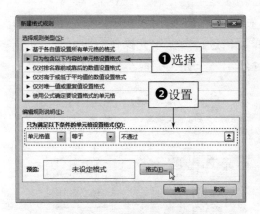

图 4-46 设置相应的格式条件

图 4-47 单击"格式"按钮

→ STEP 07 弹出"设置单元格格式"对话框,❶单击"颜色"右侧的下拉按钮;❷在弹出的颜色面板中单击"红色"色块,如图 4-48 所示。

→ STEP 08 单击"确定"按钮,返回"新建格式规则"对话框,再次单击"确定"按钮,此时工作表中的"不通过"字样将显示为红色(颜色可参照计算机屏幕,下同),效果如图 4-49 所示。

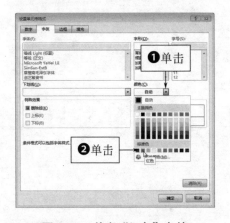

图 4-48 单击"红色"色块

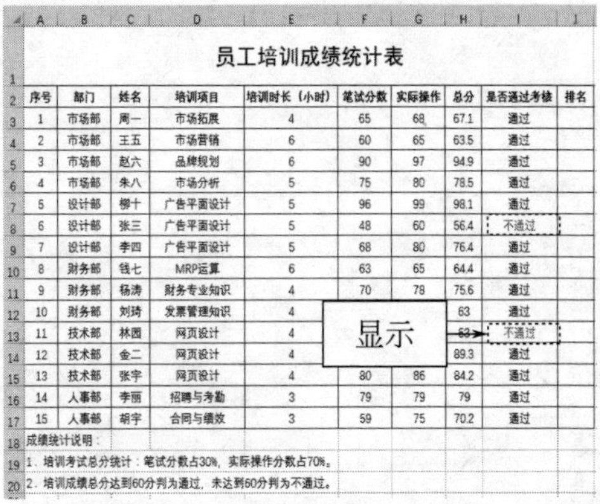

图 4-49 字体颜色显示为红色

4.3.3 对员工培训成绩进行排名统计

培训成绩统计出来后,即可对员工培训成绩进行排名统计,下面介绍具体的操作方法。

→ STEP 01 选择 J3 单元格,在其中输入函数公式:=RANK(H3,$H$3:$H$17)。具体如图 4-50 所示。

> **STEP 02** 按【Enter】键确认，即可在J3单元格显示结果10，表示成绩排行第10名，用与上同样的方法对下方单元格进行数据填充操作，即可对员工培训成绩进行排名统计，效果如图4-51所示。至此，完成员工培训成绩统计表的制作。

图 4-50　输入函数公式　　　　　　图 4-51　对培训成绩进行排名统计

第 5 章

分析：
人才的建设与数据分析

人员分析是对与企业人才核心数据相关的信息进行收集、统计和分析的过程。本章主要提供了用于企业人员分析的相关表格，并详细介绍了应用 Excel 设计、分析表格的技巧，希望读者熟练掌握本章内容。

第 5 章 9 个演示视频
请扫码观看

5.1 人员统计：制作部门人数条形图

公司人力资源部在统计各部门人数信息的时候，会根据各部门的人数情况创建一个"部门人数信息"工作表，然后根据工作表的内容绘制"部门人数条形图"，用条形图分析对比各部门的人数情况，这样各部门人数一目了然，可以提高人力资源部的工作效率。

本实例主要介绍"部门人数条形图"的制作流程和具体方法。

效果欣赏

"部门人数条形图"的最终效果如图5-1所示。

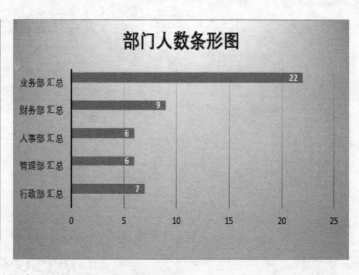

图 5-1 部门人数条形图

技术点睛

1. 设置工作表的行高与列宽，对单元格中的数据进行"合并后居中"操作，设置字体格式，为表格添加边框效果等。
2. 运用Excel"分类汇总"功能，分类汇总各部门的人数。
3. 运用Excel的条形图展示各部门人数。

5.1.1 创建部门人数信息

创建部门人数信息，主要包含了部门、职务以及人数等信息，下面介绍创建部门人员信息的具体操作方法。

➡ **STEP 01** 新建一个名为"部门人数信息"的工作表，在其中输入相关的内容，并设置工作表的行高与列宽，效果如图5-2所示。

➡ **STEP 02** 在工作表中设置对齐方式、字体格式等属性，并为表格添加"所有框线"，效果如图5-3所示。

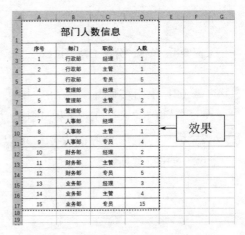

图 5-2　在表中输入相关的信息　　　图 5-3　为表格添加"所有框线"效果

> **专家提醒**
>
> 人力资源部在统计部门人数信息的时候，必须根据实际情况填写数据，并及时更新相关内容。

5.1.2 分析部门人数分布情况

人力资源部在制作部门人数条形图时，首先需要分析部门人数分布情况，然后根据结果制作条形图，下面介绍分析部门人数分布情况的具体操作方法。

➡ **STEP 01** 选择A2:D17单元格区域，在"数据"面板的"分级显示"选项板中，单击"分类汇总"按钮，如图5-4所示。

➡ **STEP 02** 弹出"分类汇总"对话框，❶设置"分类字段"为"部门"；❷设置"汇总方式"为"求和"；❸并在"选定汇总项"列表框中选中"人数"

复选框，如图5-5所示。

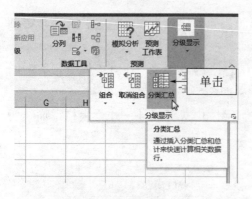

图 5-4　单击“分类汇总”按钮

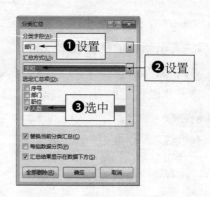

图 5-5　选中“人数”复选框

STEP 03 单击“确定”按钮，即可对工作表中各部门的人数进行分类汇总（统计各部门的人数），效果如图5-6所示。

STEP 04 在工作表界面左侧，可以看到由分类汇总操作自动生成的分级显示区，如图5-7所示。

部门人数信息

序号	部门	职位	人数
1	行政部	经理	1
2	行政部	主管	1
3	行政部	专员	5
	行政部 汇总		7
4	管理部	经理	1
5	管理部	主管	2
6	管理部	专员	3
	管理部 汇总		6
7	人事部	经理	1
8	人事部	主管	1
9	人事部	专员	4
	人事部 汇总		6
10	财务部	经理	2
11	财务部	主管	2
12	财务部	专员	5
	财务部 汇总		9
13	业务部	经理	3
14	业务部	主管	4
15	业务部	专员	15
	业务部 汇总		22
	总计		50

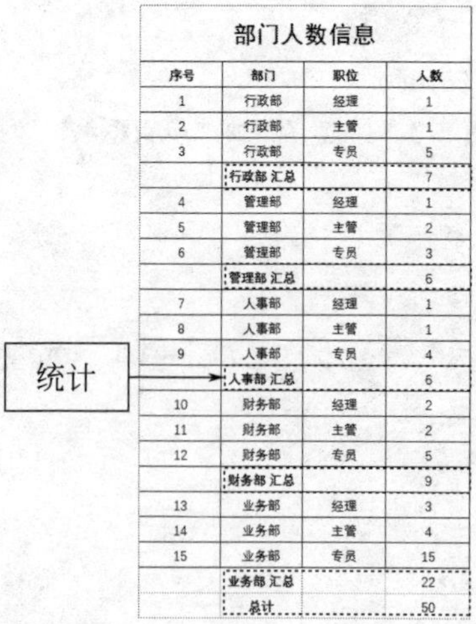

图 5-6　统计各部门的人数

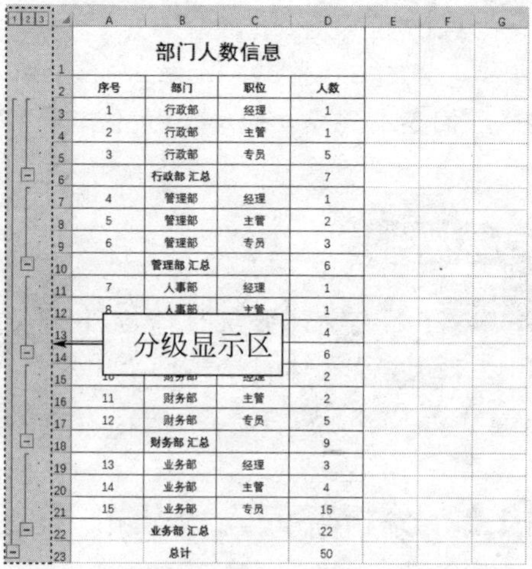

图 5-7　分级显示区

STEP 05 单击按钮[1]，即可让工作表显示所有部门的汇总人数，效果如图5-8所示。

STEP 06 单击按钮[2]，即可显示各部门的汇总人数，效果如图5-9所示。

第5章 分析：人才的建设与数据分析

图 5-8 显示所有部门的汇总人数　　　　图 5-9 显示各部门的汇总人数

> **专家提醒**
>
> 单击"分级显示区"下方的 ⊟ 按钮，也可以达到隐藏各个分类数据，只显示汇总数据的目的，单击 ⊞ 按钮，即可还原显示工作表中的全部数据。

5.1.3 创建部门人数条形图

对各个部门的人数进行分类汇总后，为了方便对各部门人数进行对比分析，需要创建一个条形图表，下面介绍创建"部门人数条形图"的具体操作方法。

STEP 01 ❶ 选择 B2:D22 单元格区域；❷ 在"插入"面板的"图表"选项板中单击"插入柱形图或条形图"按钮，如图 5-10 所示。

STEP 02 在弹出的列表框中选择"二维条形图"下方的"簇状条形图"选项，如图 5-11 所示。

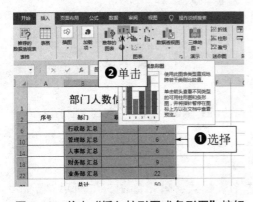
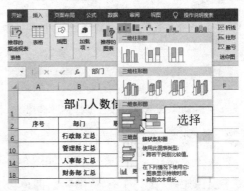

图 5-10 单击"插入柱形图或条形图"按钮　　图 5-11 选择"簇状条形图"选项

> **专家提醒**
>
> 用户在"插入"面板的"图表"选项板中,可以根据所分析的数据情况,选择要插入的图表类型。

◆ **STEP 03** 通过以上操作,即可在工作表下方插入簇状条形图表,如图5-12所示。

◆ **STEP 04** 选择"图表标题"文本框,将"图表标题"修改为"部门人数条形图",如图5-13所示。

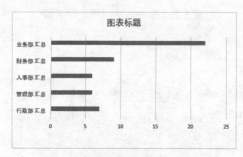

图 5-12 插入簇状条形图表

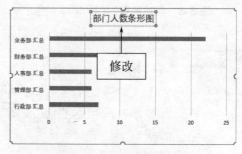

图 5-13 修改图表标题

◆ **STEP 05** 选择簇状条形图表,单击鼠标右键,弹出快捷菜单,选择"添加数据标签"选项,如图5-14所示。

◆ **STEP 06** 执行上述操作后,即可在条形图上显示各个部门人数的值,如图5-15所示。

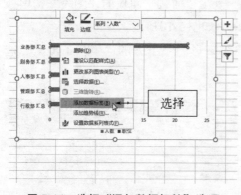

图 5-14 选择"添加数据标签"选项

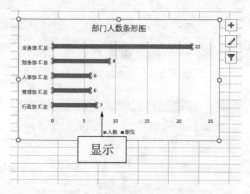

图 5-15 显示各个部门人数的值

◆ **STEP 07** 在工作簿中选择图表,在"设计"面板的"图表样式"选项板中,选择"样式3"图表样式,如图5-16所示。

◆ **STEP 08** 执行上述操作后,即可设置图表样式,效果如图5-17所示。至此,完成部门人数条形图的制作。

第 5 章 分析：人才的建设与数据分析

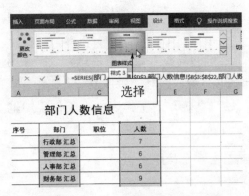

图 5-16 选择"样式 3"图表样式

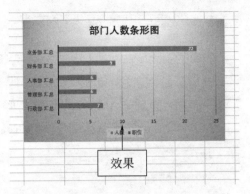

图 5-17 设置图表样式

5.2 人员流失：制作年度离职人数折线图

在企业中，人力资源部门先要对各部门每月的离职人数进行统计汇总，最后对各部门12个月的离职人数进行统计汇总，并制作成"年度离职人数信息表"。该工作表记录着当年所有月份的离职人数。

人力资源部门将根据年度离职信息，制作年度离职人数的折线图，分析员工的离职曲线，并将分析结果作为预测下一年度员工流失情况的依据。在这个过程中，人力资源部门要进行具体的分析，尽量避免一些不必要的情况发生。

本实例主要介绍"年度离职人数折线图"的制作流程和具体方法。

效果欣赏

"年度离职人数折线图"的最终效果如图5-18所示。

技术点睛

1. 运用Excel的SUM函数，统计每个月份的离职率。

2. 设置工作表相关单元格中的数字格式与字体效果。

3. 运用Excel的折线图，分析各个月份离职人数的变化趋势。

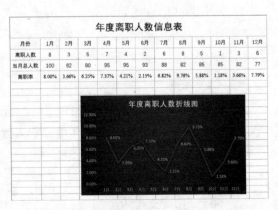

图 5-18 年度离职人数折线图

97

5.2.1 创建年度离职人数信息

"年度离职人数信息表"主要包括各个月份的离职人数、当月总人数以及离职率等信息。下面介绍创建"年度离职人数信息表"的具体操作方法。

STEP 01 新建一个名为"年度离职人数信息表"的工作表,在工作表中输入相关的信息,并设置工作表的行高与列宽,效果如图5-19所示。

图 5-19 创建工作表并输入相关的信息内容

STEP 02 在工作表中设置对齐方式、字体格式等属性,效果如图5-20所示。

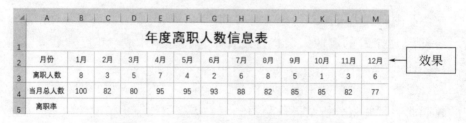

图 5-20 设置对齐方式和字体格式后的效果

5.2.2 分析年度离职人数信息

人力资源部门在统计了每个月的离职人数后,必须要对离职人数进行分析,并作为分析人员流失的依据。下面介绍计算各月离职率的具体操作方法。

STEP 01 选择B5单元格,在单元格中输入公式:=SUM(B3/B4)。具体如图5-21所示。

图 5-21 在单元格中输入公式

> **STEP 02** 按【Enter】键确认，即可在B5单元格中统计1月份离职率的数据结果，如图5-22所示。

	A	B	C	D	E	F	G	H	I	J	K	L	M
1	年度离职人数信息表												
2	月份	1月	2月	3月	4月	5月	6月	7月	8月	9月	10月	11月	12月
3	离职人数	8	3	5	7	4	2	8	5	1	3	6
4	当月总人数	100	82			95	93	88	82	85	85	82	77
5	离职率	0.08		←统计									

图 5-22　统计1月份的离职率

> **STEP 03** 选择B5单元格，将鼠标指针移至B5单元格右下角，当指针呈现 ✚ 形状时，按住鼠标左键并向右拖曳至M5单元格，即可填充其他月份的离职率，效果如图5-23所示。

	A	B	C	D	E	F	G	H	I	J	K	L	M
1	年度离职人数信息表												
2	月份	1月	2月	3月	4月	5月	6月	7月	8月	9月	10月	11月	12月
3	离职人数	8	3	5	7	4	↓统计	2	8	5	1	3	6
4	当月总人数	100	82	80	95	95	93	88	82	85	85	82	77
5	离职率	0.08	0.0366	0.0625	0.0737	0.0421	0.0215	0.0682	0.0976	0.0588	0.0118	0.0366	0.0779

图 5-23　统计出其他月份的离职率

> **STEP 04** ❶选择B5:M5单元格区域；单击鼠标右键，弹出快捷菜单，❷选择"设置单元格格式"选项，如图5-24所示。

> **STEP 05** 弹出"设置单元格格式"对话框，❶切换至"数字"选项卡；❷在"分类"的列表框中选择"百分比"选项；❸设置"小数位数"为2，如图5-25所示。

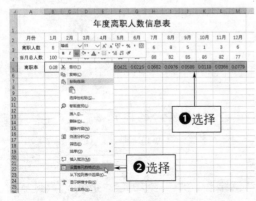

图 5-24　选择"设置单元格格式"选项

图 5-25　设置"小数位数"为2

⬛ **STEP 06** 单击"确定"按钮,即可将B5:M5单元格区域内的数据设置为百分比格式,效果如图5-26所示。

月份	1月	2月	3月	4月	5月	6月	7月	8月	9月	10月	11月	12月
离职人数	8	3	5	7	4	2	6	8	5	1	3	6
当月总人数	100	82	80	95	95	93	88	82	85	85	82	77
离职率	8.00%	3.66%	6.25%	7.37%	4.21%	2.15%	6.82%	9.76%	5.88%	1.18%	3.66%	7.79%

年度离职人数信息表

图 5-26 设置相应单元格中的数据为百分比格式

⬛ **STEP 07** 选择B5:M5单元格区域,设置"字体"为Times New Roman,效果如图5-27所示。

月份	1月	2月	3月	4月	5月	6月	7月	8月	9月	10月	11月	12月
离职人数	8	3	5	7	4	2	6	8	5	1	3	6
当月总人数	100	82	80	95	95	93	88	82	85	85	82	77
离职率	8.00%	3.66%	6.25%	7.37%	4.21%	2.15%	6.82%	9.76%	5.88%	1.18%	3.66%	7.79%

年度离职人数信息表

图 5-27 设置字体格式后的效果

> **专家提醒**
>
> 此表由人力资源部门按照每月的离职人数信息如实统计。该表被用来分析人员的流失情况。

5.2.3 创建年度离职人数折线图

"年度离职信息表"中已经将相关信息都输入完整,下面介绍创建"年度离职人数折线图"具体的操作方法。

⬛ **STEP 01** 按住【Ctrl】键的同时,选择A2:M2与A5:M5单元格区域,在"插入"面板的"图表"选项板中,单击"插入折线图或面积图"按钮 ,如图5-28所示。

⬛ **STEP 02** 在弹出的列表框中,选择"二维折线图"下方的"折线图"选项,如图5-29所示。

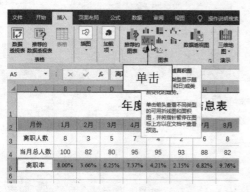

图 5-28　单击"插入折线图或面积图"按钮　　　图 5-29　选择"折线图"选项

- STEP 03　执行上述操作后，即可在工作表的下方插入折线图，如图5-30所示。
- STEP 04　选择"离职率"文本框，将"离职率"修改为"年度离职人数折线图"，如图5-31所示。

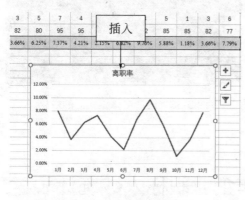 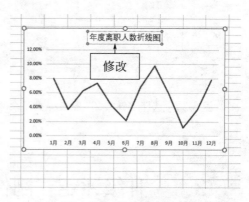

图 5-30　插入折线图　　　　　　　　　　图 5-31　修改图表标题

- STEP 05　选择折线图，单击鼠标右键，在弹出的快捷菜单中选择"添加数据标签"选项，如图5-32所示。
- STEP 06　执行上述操作后，即可在折线图上显示各个月份的离职率，如图5-33所示。
- STEP 07　选择图表，在"设计"面板的"图表样式"选项板中，选择"样式7"图表样式，如图5-34所示。
- STEP 08　执行上述操作后，即可设置图表样式。选择图表标题，设置"字体"为"黑体"，效果如图5-35所示。至此，完成"年度离职人数折线图"的制作。

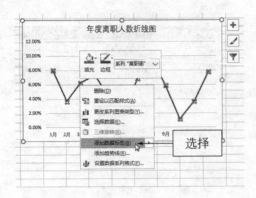

图 5-32 选择"添加数据标签"选项

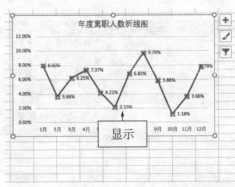

图 5-33 在折线图上显示各个月份的离职率

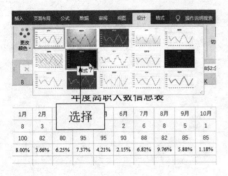

图 5-34 选择"样式 7"图表样式

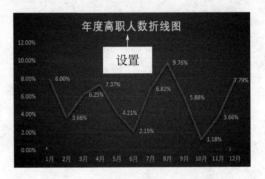

图 5-35 设置字体格式后的效果

5.3 升级评定：制作企业职称人数统计表

职称是技术水平的资格证明，代表着一个员工的专业技术水平与学识水平。员工通过不断地积累工作经验，提高自身的工作熟练程度，达到评定职称的标准。对于员工来说，职称的高低与其自身的薪资待遇、职位级别等是成正比的；对于企业来说，拥有职称员工的多少、员工职称等级的高低，是评定企业资质等级的一个重要的参考依据。

本实例主要介绍"企业职称人数统计表"的制作流程和具体方法。

效果欣赏

"企业职称人数统计表"的最终效果如图 5-36 所示。

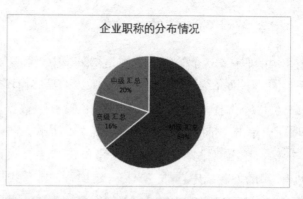

图 5-36 企业职称人数统计表

> **技术点睛**

1. 整理各部门拥有职称的相关数据，进行数据统计、汇总等工作。
2. 通过 Excel 的"排序"功能，对工作表中的内容按职称进行排序。
3. 在工作表中插入饼图，分析企业中各部门拥有职称员工的分布情况。

5.3.1 创建企业职称人数统计表

人力资源部门在统计企业职称人数的时候，需要根据每个部门的职称人数，统计所有部门中拥有职称员工的人数。下面介绍创建"企业职称人数统计表"的具体操作方法。

◯ **STEP 01** 新建一个名为"企业职称人数统计表"的工作表，在表中输入相关的信息，并设置工作表的行高与列宽，效果如图 5-37 所示。

◯ **STEP 02** 在工作表中设置对齐方式、字体格式等，并为表格添加"所有框线"，效果如图 5-38 所示。

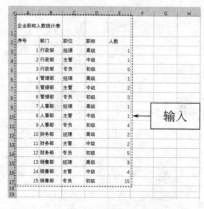

图 5-37 在表中输入相关的信息　　　图 5-38 为表格添加"所有框线"

5.3.2 分类统计各职称的人数信息

企业中的职称分3个等级，分别是初级、中级和高级，每个部门的各类职称人数都不同。下面介绍分类统计各职称人数的具体操作方法。

STEP 01 ❶选择A2:E17单元格区域；❷在"数据"面板的"排序和筛选"选项板中单击"排序"按钮，如图5-39所示。

STEP 02 弹出"排序"对话框，❶单击"主要关键字"右侧的下拉按钮；❷在弹出的列表框中选择"职称"选项，如图5-40所示。

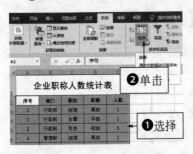

图5-39 单击"排序"按钮

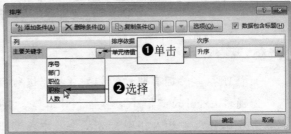

图5-40 选择"职称"选项

STEP 03 单击"确定"按钮，即可对工作表中的内容进行排序，效果如图5-41所示。

STEP 04 选择A2:E17单元格区域，在"数据"面板的"分级显示"选项板中，单击"分类汇总"按钮，如图5-42所示。

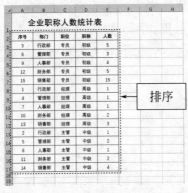

图5-41 在工作表中内容进行排序操作

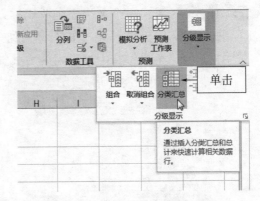

图5-42 单击"分类汇总"按钮

一般人力资源部门会先对各部门的职称人数进行统计，之后将各部门的职称人数数据汇总到总表上，核实好后提交至上级领导处。

➡ **STEP 05** 弹出"分类汇总"对话框，❶设置"分类字段"为"职称"；❷设置"汇总方式"为"求和"；❸在"选定汇总项"列表框中选中"人数"复选框，如图5-43所示。

➡ **STEP 06** 单击"确定"按钮，即可按照职称进行人数汇总操作，如图5-44所示。

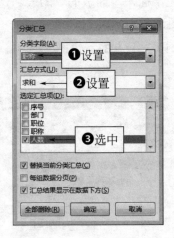

图 5-43 选中"人数"复选框　　　　图 5-44 对工作表进行分类汇总操作

➡ **STEP 07** 在工作表界面左侧，可以看到由分类汇总操作自动生成的分级显示区，单击按钮 2 ，如图5-45所示。

➡ **STEP 08** 执行上述操作后，即可显示各类职称员工的汇总人数，效果如图5-46所示。

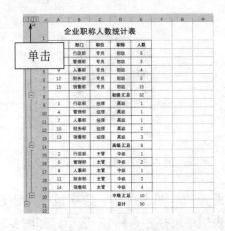

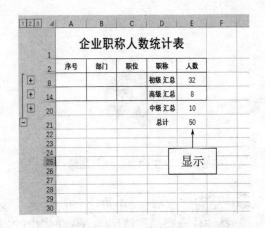

图 5-45 单击相应按钮　　　　图 5-46 显示各类职称员工的汇总人数

5.3.3 图表分析职称的分布情况

5.3.2节已经运用Excel的"分类汇总"功能统计出了每类职称的人数,用户还可以将汇总的数据通过二维饼图展示出来。下面介绍用二维饼图展示职称分布情况的具体操作方法。

STEP 01 ❶选择A2:E20单元格区域;❷在"插入"面板的"图表"选项板中单击"插入饼图或圆环图"按钮,如图5-47所示。

STEP 02 在弹出的列表框中选择"二维饼图"下方的"饼图"选项,如图5-48所示。

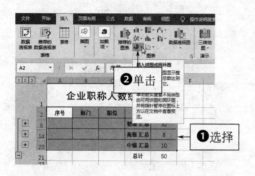

图5-47 单击"插入饼图或圆环图"按钮

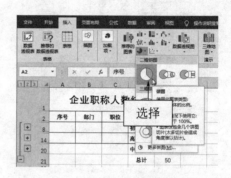

图5-48 选择"饼图"选项

STEP 03 执行上述操作后,即可在工作表中插入二维饼图,如图5-49所示。

STEP 04 选择"人数"文本框,将其修改为"企业职称的分布情况",效果如图5-50所示。

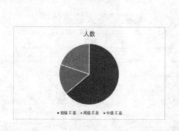

图5-49 在工作表中插入二维饼图

图5-50 修改图表标题

STEP 05 选择二维饼图,在"设计"面板的"图表布局"选项板中,❶选择"快速布局"按钮;❷在弹出的列表框中选择"布局1"选项,如图5-51所示。

STEP 06 执行上述操作后，即可对图表进行重新布局，效果如图5-52所示。至此，完成"企业职称人数统计图表"的制作。

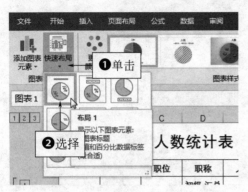

图 5-51 选择"布局1"选项

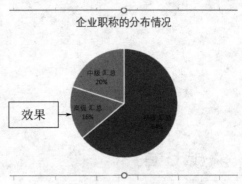

图 5-52 将图表重新布局后的效果

第6章

绩效：
员工的业绩指标与考评

绩效考核是指通过收集、统计和分析当前企业绩效考核的相关信息，制定绩效目标与考核指标的过程。本章主要介绍了企业人力资源部门进行绩效考核时所使用到的相关表格，并详细介绍了应用Excel设计绩效相关表格的技巧。

第6章12个演示视频
请 扫 码 观 看

6.1 绩效体系：制作企业经营目标汇总表

制定企业经营目标对于企业管理者而言是首要任务，企业管理者只有先确定了企业的经营目标，才能制订企业下一步的发展计划，并根据经营计划实现经营目标。企业管理者还应根据一些外部的因素调整经营目标从而改变经营计划。另外，企业管理者还需要对企业的经营目标进行有效的管理，增强企业经营目标的可实现性。"企业经营目标汇总表"常用于统计汇总企业的一些经营目标。

本实例主要介绍"企业经营目标汇总表"的制作流程和具体方法。

效果欣赏

"企业经营目标汇总表"的最终效果如图6-1所示。

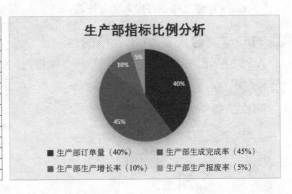

企业经营目标汇总表				
序号	部门	指标项目	指标占比	指标说明	备注
1	生产部	订单量	80%		
		生成完成率	90%		
		生产增长率	20%		
		生产报废率	10%		
2	售后部	客户投诉率	20%		
		解决投诉率	80%		
		客户保留率	60%		
		满意度评分	80%		
3	人事部	考勤审核出错率	20%		
		绩效考评差错率	20%		
		问题处理及时率	80%		
		绩效考评准确率	90%		

图6-1 企业经营目标汇总表

技术点睛

1. 创建"企业经营目标汇总表"，输入相关数据，调整表格的行高、列宽。
2. 对单元格中的数据进行"合并后居中"操作，对表格进行美化。
3. 设置各部门的指标权重数据，并设置数据为百分比格式。
4. 运用Excel的"图表"功能，分析各部门的指标比例。

6.1.1 创建企业经营目标汇总表

"企业经营目标汇总表"就是针对企业各个部门的经营指标所制作的分析

表。下面介绍创建"企业经营目标汇总表"的具体操作方法。

▶ STEP 01 创建一个名为"企业经营目标汇总表"的工作表,在其中输入相关的信息,效果如图6-2所示。

▶ STEP 02 设置表格的行高与列宽,并设置工作表内相关单元格区域的格式,效果如图6-3所示。

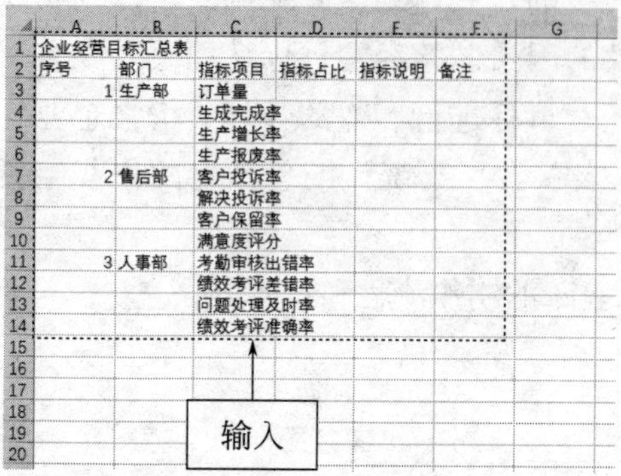

图 6-2 创建工作表并输入相关信息

图 6-3 设置表内单元格格式后的效果

▶ STEP 03 ❶设置A1单元格的"字体"为"黑体","字号"为18;❷设置A2:F2单元格区域的字体格式为"加粗",如图6-4所示。

▶ STEP 04 为工作表添加"所有框线",即可完成"企业经营目标汇总表"的制作,效果如图6-5所示。

图 6-4 设置字体格式后的效果

图 6-5 完成"企业经营目标汇总表"的制作

专家提醒

企业未来经营战略目标一般由上级领导研究、讨论并制定。"企业经营目标汇总表"就是将这些战略目标进行汇总并分解为各种指标项,落实到相关部门并统计其执行情况的表。

6.1.2 按重点设置企业经营指标

因为各部门的经营目标不同,各部门承担的指标占比也会不同。下面介绍设置企业经营指标占比的具体操作方法。

▷ STEP 01 在D3:D14单元格区域中,按指标项目依次填写相关信息,如图6-6所示。

▷ STEP 02 选择D3:D14单元格区域,在"开始"面板的"对齐方式"选项板中,单击"居中"按钮 ≡,设置单元格中文字的对齐方式,效果如图6-7所示。

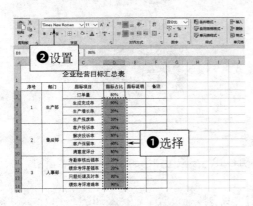

图6-6 填写相关的数据信息

图6-7 设置单元格字体的对齐方式

▷ STEP 03 ❶选择D3:D14单元格区域;❷在"开始"面板的"字体"选项板中设置"字体"为Times New Roman,如图6-8所示。

▷ STEP 04 设置单元格的字体格式后,即可完成设置企业经营指标占比的操作,效果如图6-9所示。

图6-8 设置"字体"为Times New Roman

图6-9 完成设置企业经营指标占比的操作

6.1.3 各部门指标比例的分析

对不同部门设置了相应的指标比例后,接下来介绍以二维饼图的形式展示各部门指标比例情况的具体操作方法。

STEP 01 选择C3:D6单元格区域,❶在"插入"面板的"图表"选项板中单击"插入饼图或圆环图"下拉按钮 ;❷在弹出的列表框中选择"二维饼图"选项下的饼图图表,如图6-10所示。

STEP 02 执行上述操作后,即可插入一个二维饼图,如图6-11所示。

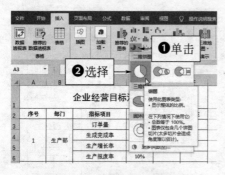

图 6-10 选择饼图图表　　　　　　图 6-11 插入一个二维饼图

STEP 03 选择创建的二维饼图,将"图表标题"修改为"生产部指标比例分析",如图6-12所示。

STEP 04 选择创建的二维饼图,在"设计"面板的"图表样式"选项板中,选择图表"样式11"选项,即可完成用二维饼图分析生产部指标比例的操作,效果如图6-13所示。

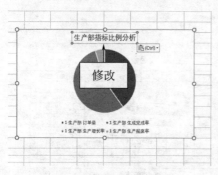
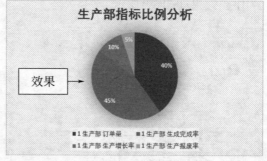

图 6-12 修改图表标题　　　　　　图 6-13 完成生产部的指标比例分析饼图

STEP 05 用上述方法制作售后部的指标比例分析饼图,效果如图6-14所示。

STEP 06 用上述方法制作人事部的指标比例分析饼图,效果如图6-15所示。

至此，完成"企业经营目标汇总表"的制作。

图 6-14 制作售后部的指标比例分析饼图

图 6-15 制作人事部的指标比例分析饼图

6.2 指标设计：制作部门业绩指标分解表

部门业绩指标是指一个部门在未来一段时间内要实现的目标。它是管理者和部门中所有成员的行动指南，是部门管理人员进行决策、评价、协调和考核的基本依据。在工作计划中，部门管理人员需要针对部门内各人员的业绩制作一个绩效指标分解表，这样可以有效地促进部门业绩的提高。部门管理人员在对部门内各人员的业绩指标进行分解时，需要考虑企业目前的状态与发展，结合实际情况来制订业绩指标分解计划。

本实例主要介绍"部门业绩指标分解表"的制作流程和具体方法。

效果欣赏

"部门业绩指标分解表"的最终效果如图6-16所示。

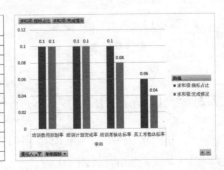

图 6-16 部门业绩指标分解表

技术点睛

1. 创建"部门业绩指标分解表",对表格进行美化等。
2. 运用Excel插入数据透视表,统计部门内各责任人所承担的业绩指标。
3. 运用Excel插入数据透视图,利用生成的数据透视图统计分析业绩指标的月完成情况。

6.2.1 创建部门业绩指标分解表

通常,企业在制定了部门业绩指标后,部门主管每个月都要对自己部门的业绩指标进行分解,并安排相关责任人执行。下面介绍创建"部门业绩指标分解表"的操作方法。

STEP 01 创建一个名为"部门业绩指标分解表"的工作表,在表内输入相关内容,设置表内单元格的行高与列宽,效果如图6-17所示。

STEP 02 设置表内单元格的字体格式与对齐方式,并添加"所有框线",即可完成"部门业绩指标分解表"的制作,效果如图6-18所示。

图 6-17 创建"部门业绩指标分解表"

图 6-18 完成"部门业绩指标分解表"的制作

6.2.2 统计各责任人承担的指标数

一个部门的各项工作是由不同的责任人分别执行的。下面介绍统计各责任人承担的业绩指标的具体操作方法。

STEP 01 在表内如实输入业绩完成情况与责任人的相关信息,效果如图

6-19所示。

STEP 02 选择A3:G14单元格区域,在"插入"面板的"图表"选项板中,单击"数据透视图"按钮,如图6-20所示。

图6-19 输入表内相关信息　　　　图6-20 单击"数据透视图"按钮

STEP 03 在弹出的列表框中选择"数据透视图和数据透视表"选项,如图6-21所示。

STEP 04 弹出"创建数据透视表"对话框,❶选中"新工作表"单选按钮;❷单击"确定"按钮,如图6-22所示。

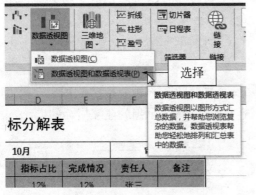
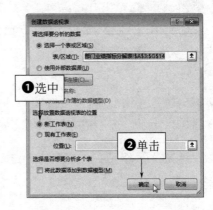

图6-21 选择"数据透视图和数据透视表"选项　　图6-22 单击"确定"按钮

STEP 05 此时,工作表中将自动生成一个新工作表,将新工作表重命名为"部门业绩指标数据透视表",如图6-23所示。

STEP 06 在单元格内选择创建的空白数据透视表,在界面右侧会弹出"数据透视表字段"面板,在其中依次选中"责任人""指标占比""完成情况"和"考核指标"复选框,如图6-24所示。

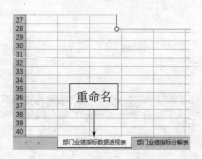

图 6-23 重命名新工作表

图 6-24 选中复选框

> **专家提醒**
>
> "部门业绩指标分解表"是由各部门根据企业的年度经营目标来制作的。在此基础上,各部门再依据部门实际情况与发展方向,对业绩指标进行分解,由人力资源部门进行汇总,最后再提交上级领导进行审核。

STEP 07 此时界面左侧的数据透视表中将显示各责任人的相关数据,如图 6-25 所示。

STEP 08 ❶单击"行标签"右下角的下拉按钮;❷在弹出的下拉列表框中取消选中"(全选)"复选框,如图 6-26 所示。

STEP 09 在下方选择其中一位责任人,例如选中"李四"复选框,如图 6-27 所示。

STEP 10 单击"确定"按钮,即可查看"李四"的相关指标数据,效果如图 6-28 所示。按上述方法即可完成统计其他责任人承担的业绩指标的操作。

图 6-25 各责任人的相关数据

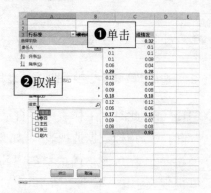

图 6-26 取消选中"(全选)"复选框

图 6-27 选中"李四"复选框

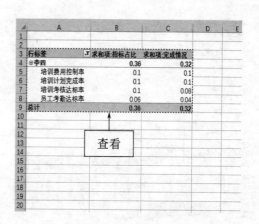
图 6-28 查看"李四"的数据内容

6.2.3 统计指标按月完成情况分析

部门每个月都有业绩指标计划,在一个月结束后,每个部门会根据当月的实际实施情况来统计指标完成情况,并对统计的结果进行分析。下面介绍分析统计指标按月完成情况的具体操作方法。

STEP 01 在6.2.2的数据透视表中,软件会自动生成一个数据透视图,如图6-29所示。

STEP 02 单击图表左下角"责任人"下拉按钮,弹出列表框,如图6-30所示。

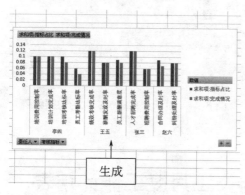
图 6-29 自动生成的数据透视图

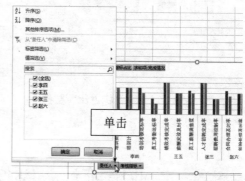
图 6-30 单击图表"责任人"下拉按钮

STEP 03 ❶取消选中"(全选)"复选框;❷选中"李四"复选框,如图6-31所示。

STEP 04 单击"确定"按钮，此时图表中只显示"李四"的业绩指标完成情况，在图表中选择蓝色柱形条，如图6-32所示。

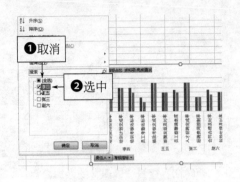

图6-31 选中"李四"复选框   图6-32 选择蓝色柱形条

STEP 05 单击鼠标右键，即可弹出快捷菜单，选择"添加数据标签"选项，即可在蓝色柱形条（双柱形条左）上显示"指标占比"数据，如图6-33所示。

STEP 06 用与上同样的方法，为橙色柱形条（双柱形条右）添加数据标签，即可显示"完成情况"的数据结果，如图6-34所示。用与上同样的方法，即可查看其他部门责任人的业绩指标完成情况。

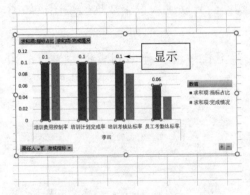

图6-33 显示"指标占比"数据   图6-34 显示"完成情况"的数据结果

6.3　业绩统计：制作员工月度工作计划表

"员工月度工作计划表"是员工对自身工作的一个规划表。通常，为了保证每一个员工的办公效率，企业会要求员工每个月制作工作计划表。通过工作计划表，员工能够更清楚自身的工作目标，提高工作的主动性与自发性。因此，“员工月度工作计划表”是非常重要的。

本实例主要介绍“员工月度工作计划表”的制作流程和具体方法。

效果欣赏

“员工月度工作计划表”的最终效果如图6-35所示。

员工月度工作计划表

工作分类	具体内容	计划开始时间	计划完成时间	计划完成情况	备注
重要工作事项	当月招聘8人入职	11月1日	11月20日	已完成	
	对新员工进行评估考核	11月25日	11月27日	已完成	
	汇总员工考勤情况表	11月27日	11月30日	已完成	
	对主管级员工进行绩效考评	11月27日	11月30日	已完成	
	15号-20号核算员工薪酬	11月15日	11月20日	已完成	
日常工作事项	统计应聘到访和失约人数	11月1日	11月22日	已完成	
	跟进新员工就职情况	11月1日	11月30日	已完成	
	对新员工进行入职培训	11月21日	11月23日	已完成	
	跟老员工续签劳动合同	11月28日	11月30日	已完成	
	整理员工档案资料	11月28日	11月30日	未完成	
	处理员工投诉问题	11月25日	11月30日	已完成	
	调查员工工作满意度	11月28日	11月30日	未完成	
	办理员工内部调职	11月29日	11月30日	未完成	
员工签字			部门经理		

行标签
⊟未完成
办理员工内部调职
调查员工工作满意度
整理员工档案资料
⊟已完成
15号-20号核算员工薪酬
处理员工投诉问题
当月招聘8人入职
对新员工进行评估考核
对新员工进行入职培训
对主管级员工进行绩效考评
跟进新员工就职情况
跟老员工续签劳动合同
汇总员工考勤情况表
统计应聘到访和失约人数
总计

图6-35　员工月度工作计划表

技术点睛

1. 创建一个新工作表，设置单元格的格式等。
2. 运用Excel的条件格式新建规则，统计工作任务的完成情况。
3. 运用Excel的数据透视表与数据透视图，统计计划的完成情况。

6.3.1　创建员工月度工作计划表

“员工月度工作计划表”必须根据实际的工作情况制作。下面介绍制作“员工月度工作计划表”的具体操作方法。

STEP 01　新建一个名为“员工月度工作计划表”的工作表，在表内输入相关信息，如图6-36所示。

STEP 02　执行上述操作后，设置工作表的行高与列宽，并设置单元格的“对齐方式”，效果如图6-37所示。

STEP 03　为工作表的相关单元格区域添加框线，效果如图6-38所示。

STEP 04　对工作表中的字体及单元格格式进行美化，效果如图6-39所示。

图 6-36 新建工作表并输入相关信息

图 6-37 设置单元格格式后的效果

图 6-38 添加框线后的效果

图 6-39 美化后的"员工月度工作计划表"

> **专家提醒**
>
> "员工月度工作计划表"是员工根据自身实际情况制作的月度工作计划表。该表交由员工所在部门的经理审核签字后,转交人力资源部门进行汇总。企业会将"员工月度工作计划表"作为当月业绩考核的一个重要依据。

6.3.2 用条件格式统计工作完成情况

根据员工制作的"员工月度工作计划表",人力资源部门在当月月底需要对员工当月工作计划的完成情况进行统计。下面介绍统计员工工作计划完成情况的具体操作方法。

STEP 01 根据实际情况，在E3:E15单元格区域中输入工作计划的完成情况，并设置单元格区域的格式，如图6-40所示。

STEP 02 ❶选择E3:E15单元格区域；❷在"开始"面板的"样式"选项板中单击"条件格式"按钮；❸在弹出的列表框中选择"新建规则"选项，如图6-41所示。

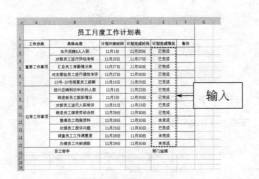

图6-40 输入工作计划完成情况并设置格式

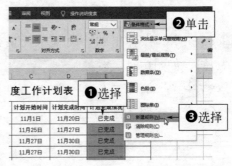

图6-41 选择"新建规则"选项

STEP 03 在弹出的"新建格式规则"对话框中，❶选择"选择规则类型"列表框中的"只为包含以下内容的单元格设置格式"选项；❷单击"只满足以下条件的单元格设置格式"下方第2个文本框右侧的下拉按钮，在弹出的下拉列表中选择"等于"选项；❸在列表框右侧输入"未完成"，如图6-42所示。

STEP 04 单击"预览"框右侧的"格式"按钮，如图6-43所示。

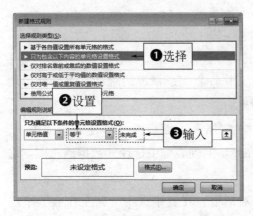

图6-42 设置"新建格式规则"选项

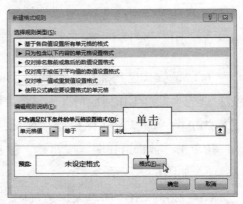

图6-43 单击"格式"按钮

专家提醒

用户直接在"开始"面板的"样式"选项板中,单击"条件格式"按钮,在弹出的列表框中选择"突出显示单元格规则",点击"等于"选项,弹出"等于"对话框,在下方的第1个文本框中输入"未完成",并设置文本颜色为红色,这也是使用条件格式来统计工作的完成情况。

STEP 05 在弹出的"设置单元格格式"对话框中,设置"颜色"为"红色",如图6-44所示。

STEP 06 单击"确定"按钮,此时工作表中"未完成"的工作显示为红色(颜色可参照计算机屏幕,下同),效果如图6-45所示。

图 6-44 设置"颜色"为"红色"　　　图 6-45 "未完成"显示为红色

6.3.3 用数据透视表汇总工作完成情况

6.3.2的操作已经完成了对员工月度工作计划完成情况的统计,下面介绍用数据透视表汇总工作完成情况的具体方法。

STEP 01 选择A2:F15单元格区域,在"插入"面板的"图表"选项板中,❶单击"数据透视图"按钮;❷在弹出的列表框中选择"数据透视图"选项,如图6-46所示。

STEP 02 弹出"创建数据透视图"对话框,在其中选中"新工作表"单选按钮,如图6-47所示。

第6章 绩效：员工的业绩指标与考评

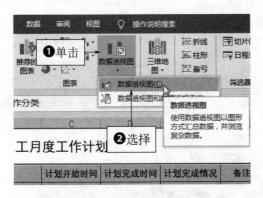

图6-46 选择"数据透视图"选项

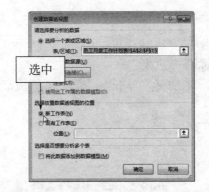

图6-47 选中"新工作表"单选按钮

STEP 03 单击"确定"按钮，系统会自动新建一个工作表，在单元格内选择数据透视表，在界面右侧会弹出"数据透视表字段"面板，如图6-48所示。

STEP 04 在"数据透视表字段"面板中，依次选中"计划完成情况""具体内容"复选框，即可以数据表的方式分析工作计划的完成情况，如图6-49所示。至此，完成"员工月度工作计划表"的制作。

图6-48 弹出"数据透视表字段"面板

图6-49 分析工作计划的完成情况

6.4 绩效评估：制作绩效考核成绩汇总表

绩效考核的最终目的是改善员工的工作表现，实现企业的经营目标，并提高员工的满意程度和成就感。人力资源部门把"绩效考核成绩汇总表"提交上级领导后，领导通过绩效考核的汇总数据，可以进行工作反馈、薪酬管理、职务调整和工作改进，所以"绩效考核成绩汇总表"是进行人力资源管理工作的重要参考依据。

本实例主要介绍"绩效考核成绩汇总表"的制作流程和具体方法。

效果欣赏

"绩效考核成绩汇总表"的最终效果如图6-50所示。

行标签	求和项:成绩
⊟ 财务部	203
刘琦	63
钱七	64
杨涛	76
⊟ 行政部	149
胡宇	70
李丽	79
⊟ 技术部	238
金二	90
林园	63
张宇	85
⊟ 设计部	239
李四	76
柳十	99
张三	64
⊟ 市场部	307
王五	65
赵六	95
周一	68
朱八	79
总计	1136

绩效考核成绩汇总表

序号	部门	姓名	成绩	考核级别
1	市场部	周一	68	D
2	市场部	王五	65	D
3	市场部	赵六	95	A
4	市场部	朱八	79	C
5	设计部	柳十	99	A
6	设计部	张三	64	D
7	设计部	李四	76	C
8	财务部	钱七	64	D
9	财务部	杨涛	76	C
10	财务部	刘琦	63	D
11	技术部	林园	63	D
12	技术部	金二	90	A
13	技术部	张宇	85	B
14	行政部	李丽	79	C
15	行政部	胡宇	70	C

级别说明：
考核级别分为A、B、C、D四个等级。
A级（90分以上）、B级（80分-89分）、C级（70分-79分）、D级（70分以下）

考核级别汇总	A级	B级	C级	D级
	3	1	5	6

图 6-50　绩效考核成绩汇总表

技术点睛

1. 通过Excel的LOOKUP函数与条件格式，统计优秀员工的姓名。
2. 运用Excel的"数据透视表"功能，汇总各部门的考核结果。
3. 运用Excel的COUNTIF函数，对绩效考核成绩进行汇总。

6.4.1　统计成绩优秀的员工姓名

在企业中，每个员工的考核成绩都不一样，每个部门的优秀员工数量也不一样。在本实例中，评分为90分以上的为A级、80~89分的为B级、70~79分的为C级、70分以下的为D级。下面介绍统计成绩优秀员工的信息的具体操作方法。

▶ **STEP 01**　新建一个名为"绩效考核成绩汇总表"的工作表，在表内输入相关信息，并设置行高与列宽，效果如图6-51所示。

第6章 绩效：员工的业绩指标与考评

> **STEP 02** 执行上述操作后，设置相关单元格的格式，为表格添加"所有框线"，效果如图6-52所示。

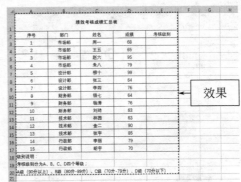

图6-51 创建工作表并输入信息　　　　图6-52 为表格添加边框后的效果

> **STEP 03** 设置A1:E1单元格区域的"字体"为"黑体"，字号为18，效果如图6-53所示。

> **STEP 04** ❶选择E3单元格；❷在"公式"面板的"函数库"选项板中单击"插入函数"按钮 fx；❸弹出"插入函数"对话框，如图6-54所示。

图6-53 设置字体格式后的效果　　　　图6-54 弹出"插入函数"对话框

> **专家提醒**
>
> "绩效考核成绩汇总表"是对员工整体业绩的一种客观反映，可直接反映各员工的工作状态，也是人力资源部门统计绩效奖金与员工异动的重要依据。

> **STEP 05** ❶设置"或选择类型"为"查找与引用"；❷设置"选择函数"为LOOKUP，如图6-55所示。

> **STEP 06** 单击"确定"按钮,在弹出的"选定参数"对话框中选择第1个参数,如图6-56所示。

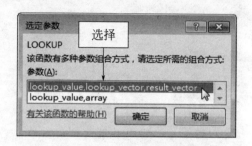

图 6-55 设置"选择函数"为 LOOKUP　　　图 6-56 选择第 1 个参数

> **STEP 07** 单击"确定"按钮,弹出"函数参数"对话框,在下方3个文本框内依次输入D3、{60,70,80,90}、{"D","C","B","A"},如图6-57所示。

> **STEP 08** 单击"确定"按钮,即可在E3单元格内显示考核成绩级别的结果,如图6-58所示。

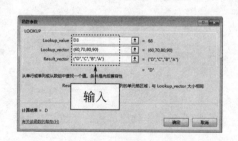

图 6-57 输入函数参数相关内容　　　图 6-58 在单元格内显示结果

> **STEP 09** 选择E3单元格,将鼠标指针移至E3单元格右下角,当指针呈现╋形状时,按住鼠标左键并向下拖曳至E17单元格,即可填充考核级别的数据,效果如图6-59所示。

> **STEP 10** 选择E2:E17单元格区域,在"开始"面板的"样式"选项板中,❶单击"条件格式"按钮；❷在弹出的列表框中选择"突出显示单元格规则"选项；❸在自动弹出的列表框中选择"等于"选项,如图6-60所示。

第6章 绩效：员工的业绩指标与考评

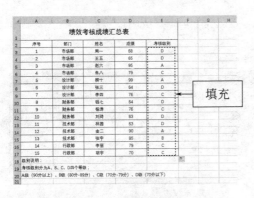

图 6-59 填充考核级别的数据

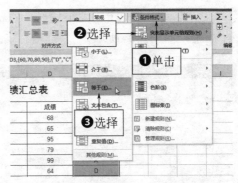

图 6-60 选择"等于"选项

STEP 11 ❶在弹出的"等于"对话框中的第1个文本框内输入字母A；❷在"设置为"下拉列表框中选择"浅红色填充"选项，如图6-61所示。

STEP 12 单击"确定"按钮，此时工作表中"考核级别"为A的单元格呈浅红色（颜色可参照计算机屏幕，下同），效果如图6-62所示。至此，完成统计成绩优秀员工的信息的操作。

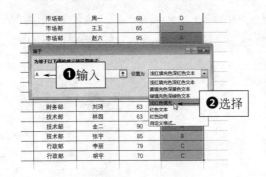

图 6-61 选择"浅红色填充"选项

图 6-62 单元格呈浅红色

6.4.2 汇总各部门的考核结果

企业人力资源部门在制作"绩效考核成绩汇总表"的时候，会对每个部门的考核结果进行汇总和分析，并与一些成绩较差的员工进行面谈。下面介绍汇总各部门的考核结果的具体操作方法。

STEP 01 选择A2:E17单元格区域，在"插入"面板的"图表"选项板中，❶单击"数据透视图"按钮 ；❷在弹出的列表框中选择"数据透视图和数据透视表"选项，如图6-63所示。

127

STEP 02 在弹出的"创建数据透视表"对话框中，选中"新工作表"单选按钮，如图6-64所示。

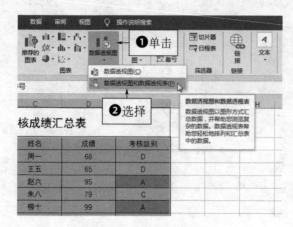

图 6-63　选择相应选项　　　　　图 6-64　选中"新工作表"单选按钮

STEP 03 单击"确定"按钮，系统将自动新建一个工作表，❶在单元格内选择数据透视表；❷在右侧弹出"数据透视表字段"面板，如图6-65所示。

STEP 04 在"数据透视表字段"面板中，依次选中"部门""姓名"和"成绩"复选框，即可汇总各部门的考核结果，自行调整表格的列宽，效果如图6-66所示。

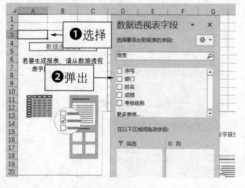

图 6-65　弹出"数据透视表字段"面板　　　图 6-66　汇总各部门的考核结果

6.4.3　绩效考核成绩汇总分析

人力资源部门在对绩效考核成绩进行汇总时，需要先把各员工考核级别的数据统计出来。下面介绍汇总绩效考核级别的具体操作方法。

第6章 绩效：员工的业绩指标与考评

➡ **STEP 01** 在"绩效考核成绩汇总表"下方新建一个统计表，输入相应内容，并设置"所有框线"及相应的单元格格式，效果如图6-67所示。

➡ **STEP 02** 选择B23单元格，在单元格内输入函数公式:=COUNTIF(E3:E17,"A")。具体如图6-68所示。

图 6-67　输入内容并设置单元格格式后的效果 　　　　图 6-68　输入函数公式

➡ **STEP 03** 按【Enter】确认，即可显示A级的汇总结果，如图6-69所示。

➡ **STEP 04** 在C23、D23和E23单元格中依次输入函数公式:=COUNTIF(E3:E17,"B")、=COUNTIF(E3:E17,"C")、=COUNTIF(E3:E17,"D")。分别按【Enter】键，即可得出其他员工考核级别的汇总数据结果，如图6-70所示。至此，完成"绩效考核成绩汇总表"的制作。

图 6-69　显示A级的汇总结果 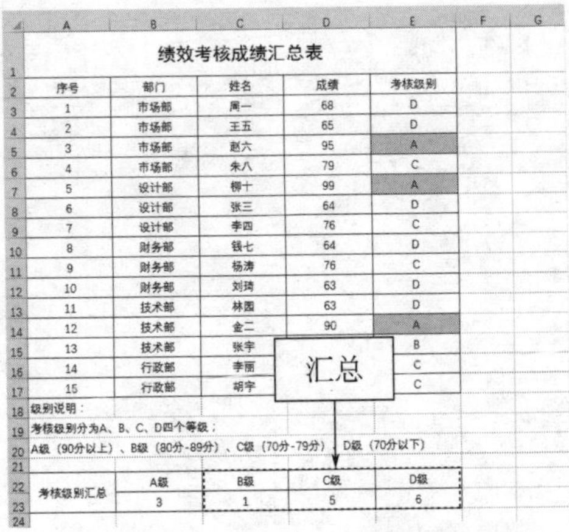　　　　图 6-70　得出其他员工考核级别的数据结果

第 7 章

薪酬：
体系的设计与薪酬管理

薪酬是企业必须付出的人力成本，也是吸引和留住优秀人才的重要手段。因此，薪酬体系的设计和薪酬管理是企业人力资源管理的核心内容之一。本章主要提供了与薪酬体系和薪酬管理相关的表格，并详细介绍了应用 Excel 设计薪酬表格的技巧。

第 7 章 14 个演示视频
请 扫 码 观 看

7.1 奖金激励：制作绩效奖金分配表

"绩效奖金分配表"是企业根据员工的工作绩效进行绩效奖金分配所制作的表格。员工为企业创造的效益越多，其奖金也越多。一般情况下，奖金的数额是以销售额的一定比例来计算的。这种方式不仅能够让绩效高的员工得到应有的奖励，还能激励员工创造更多的业绩和价值。

本实例主要介绍"绩效奖金分配表"的制作流程和具体方法。

效果欣赏

"绩效奖金分配表"的最终效果如图7-1所示。

绩效奖金分配表				
序号	部门	姓名	月销量额	奖金比例	奖金（元）
1	销售部	周一	300000.00	4%	12000
2	销售部	王五	280000.00	3%	8400
3	销售部	赵六	200000.00	2%	4000
4	销售部	朱八	180000.00	1%	1800
5	销售部	柳十	250000.00	3%	7500
6	销售部	张三	260000.00	3%	7800
7	销售部	李四	190000.00	1%	1900
8	销售部	钱七	230000.00	2%	4600

奖金评定标准		
奖金参考数	奖金类别	奖金比例
0.00	150000以下	0%
150000.00	150000-200000	1%
200000.00	200000-250000	2%
250000.00	250000-300000	3%
300000.00	300000-350000	4%
350000.00	350000以上	5%

图7-1 绩效奖金分配表

技术点睛

1. 新建工作表，并设置相关单元格的格式，为表格添加"所有框线"等。
2. 运用Excel的VLOOKUP函数，编制绩效考核奖金比例。
3. 运用Excel的IF函数，统计员工绩效奖金的数据。

7.1.1 创建绩效奖金分配表

"绩效奖金分配表"包含了部门、姓名、月销售额、奖金比例以及奖金等内容，每一个员工的绩效考核奖金都是根据企业的奖金评定标准来计算的。下面介绍创建"绩效奖金分配表"的具体操作方法。

● STEP 01　创建一个名为"绩效奖金分配表"的工作表，❶在表内输入奖金分配表的相关内容；❷设置表内相关单元格的字体格式，效果如图7-2所示。

● STEP 02　设置表格内的行高与列宽，调整单元格的对齐方式，并添加"所有框线"，效果如图7-3所示。

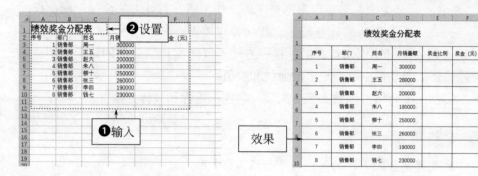

图7-2　设置表内相关单元格的字体格式　　　　图7-3　设置表格格式后的效果

7.1.2　用函数编制绩效奖金比例

绩效奖金评定比例一般由企业统一规定。相关工作人员会严格按照绩效奖金比例来计算员工的绩效奖金。下面介绍用函数编制绩效奖金比例的具体操作方法。

● STEP 01　在"绩效奖金分配表"右侧新建一个名为"奖金评定标准"的工作表，在表内输入相关的内容，如图7-4所示。

● STEP 02　在表中设置行高与列宽、对齐方式、字体格式等属性，并为表格添加"所有框线"，设置A3:A8单元格区域中的数字只保留两位小数，设置C3:C8单元格区域中的数字为百分比格式，效果如图7-5所示。

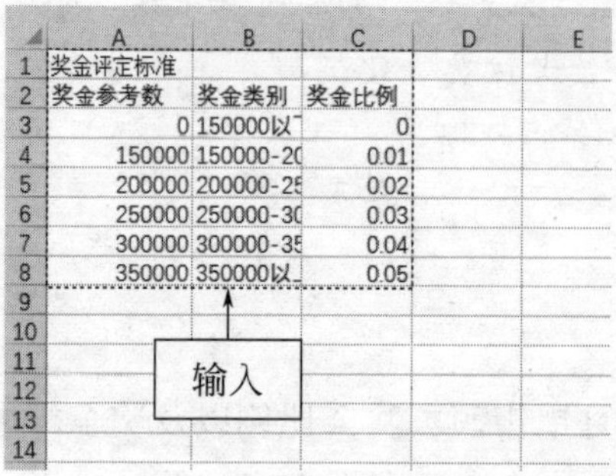

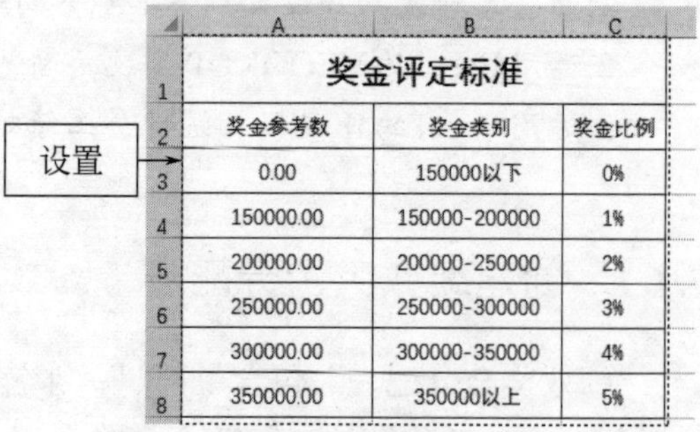

图7-4　在表内输入相关的内容　　　　图7-5　设置单元格的相关属性

> **STEP 03** 切换至"绩效奖金分配表"的工作表中,选择E3单元格,在单元格内输入函数公式:=VLOOKUP(D3,奖金评定标准!$A$3:$C$8,3)。具体如图7-6所示。

> **STEP 04** 按【Enter】键确认,此时在E3单元格中的结果显示为0.04。选中E3单元格,将鼠标指针移至E3单元格右下角,当指针呈现╋形状时,按住鼠标左键并向下拖曳至E10单元格,即可填充其他单元格内的绩效奖金比例的数据,效果如图7-7所示。

图 7-6 在单元格内输入函数公式　　　图 7-7 填充其他单元格内的
　　　　　　　　　　　　　　　　　　　　　　绩效奖金比例的数据

> **专家提醒**
>
> "绩效奖金分配表"可以作为员工岗位工资调整、岗位职级调整的依据,业绩是员工能力最好的证明。岗位职级调整包括晋升、不变动和降职3种。凡年度绩效考核优秀者,岗位职级及岗位工资晋升一个层级;年度绩效考核有待改进者,岗位职级及岗位工资下降一个层级;年度绩效考核一般者,岗位职级及岗位工资不变。

7.1.3 统计员工绩效资金数据

企业可以根据实际的绩效奖金比例来计算每个员工应得的绩效奖金数额。下面介绍统计员工绩效奖金数据的具体操作方法。

> **STEP 01** 选择F3单元格,输入函数公式:=IF(D3<350000,ROUND(D3*E3,0),20000)。具体如图7-8所示。

⇒ **STEP 02** 按【Enter】键确认，此时在F3单元格中的结果显示为12000，即为员工应得的奖金数额，如图7-9所示。

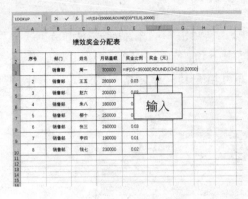

图 7-8　输入函数公式　　　　　　图 7-9　员工应得的奖金数额

⇒ **STEP 03** 选中F3单元格，将鼠标指针移至F3单元格右下角，当鼠标指针呈现 ✚ 形状时，按住鼠标左键并向下拖曳至F10单元格，释放鼠标左键，即可填充其他员工应得的奖金数额，效果如图7-10所示。

⇒ **STEP 04** 在表中设置D3:D10单元格区域中的数字只保留两位小数；设置E3:E10单元格区域中的数字为百分比格式，效果如图7-11所示。至此，完成"员工绩效奖金分配表"的制作。

图 7-10　填充其他员工应得的奖金数额　　　图 7-11　设置相应单元格数字格式效果

7.2　加班补贴：制作员工加班补贴发放表

员工除了每天固定的上班时间外，如有临时加班，企业会根据员工加班的时间发放加班补贴。加班补贴的数额是根据国家规定进行计算的。"员工加班补贴发放表"主要用于统计企业员工加班所产生的加班补贴费用。

本实例主要介绍"员工加班补贴发放表"的制作流程和具体方法。

效果欣赏

"员工加班补贴发放表"的最终效果如图7-12所示。

序号	部门	姓名	加班原因	加班日期	开始时间	结束时间	实际加班时间	实际加班时间（小时）	加班费（元/小时）	合计加班费（元）
1	行政部	周一	值班	2020-11-7（公休日）	8:30	17:30	9:00	9	20.00	360.00
2	行政部	金二	值班	2020-11-8（公休日）	18:00	21:30	3:30	4	20.00	160.00
3	市场部	张三	市场调研	2020-11-9（工作日）	18:30	22:30	4:00	4	20.00	120.00
4	销售部	李四	跟进客户	2020-11-9（工作日）	18:30	22:00	3:30	4	20.00	120.00
5	财务部	王五	值班	2020-11-10（工作日）	19:00	21:30	2:30	3	20.00	90.00
6	销售部	赵六	跟进客户	2020-11-11（工作日）	18:30	20:00	1:30	2	20.00	60.00
7	财务部	钱七	值班	2020-11-12（工作日）	19:00	21:30	2:30	3	20.00	90.00
8	销售部	朱八	跟进客户	2020-11-13（工作日）	19:00	20:30	1:30	2	20.00	60.00
9	销售部	于九	跟进客户	2020-11-14（工作日）	18:00	22:00	4:00	4	20.00	160.00
10	行政部	柳十	值班	2020-11-15（公休日）	8:30	17:30	9:00	9	20.00	360.00
合计							17:00			1580.00

备注：
1、工作日加班：按照1.5倍小时计算工资。
2、公休日加班：按照2倍小时计算工资。
3、国家法定节假日加班：按照3倍小时计算工资。
4、按照公司薪酬管理制度规定，实际加班时间超过半小时不足一个小时按照一个小时计算加班费用。

制表人：木子林
制表时间：11月16日

图 7-12　员工加班补贴发放表

技术点睛

1. 运用Excel的SUM函数，统计员工实际加班的时间。
2. 运用Excel的ROUND函数，统计员工的实际加班小时数。
3. 运用Excel的ROUND函数，计算员工的加班补贴的总额。

7.2.1　汇总员工加班的日期和时间

一般来说，员工的加班时间有可能会超过24小时，但是通常Excel会默认为24小时。此时需要通过设置单元格的时间格式来防止统计数据出错。下面介绍汇总员工加班日期和时间的具体操作方法。

STEP 01 新建一个名为"员工加班补贴发放表"的工作表，在表中输入相关的内容，并设置表格的行高与列宽，效果如图7-13所示。

STEP 02 设置表内相关单元格的格式，并为表格添加"所有框线"，工作表效果如图7-14所示。

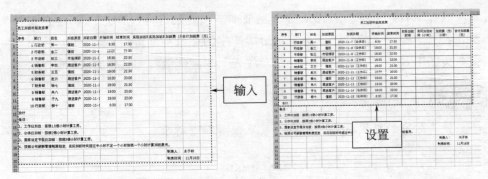

图 7-13 在表中输入相关的内容　　图 7-14 设置相关单元格格式
并添加边框效果

STEP 03 设置A1:K1单元格区域的"字体"为"黑体"、"字号"为18，选择H3:H12单元格区域，打开"设置单元格格式"对话框，❶设置"分类"为"自定义"；❷设置"类型"为h:mm；❸单击"确定"按钮，如图7-15所示。

STEP 04 选择H3单元格，在单元格中输入公式:=SUM(G3-F3)。具体如图7-16所示。

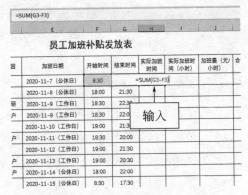

图 7-15 设置单元格格式属性　　图 7-16 在单元格中输入公式 1

STEP 05 按【Enter】键确认，此时在H3单元格中的结果显示为9:00，表示加班时间为9小时，如图7-17所示。

STEP 06 选择H3单元格，将鼠标指针移至H3单元格右下角，当指针呈现十形状时，按住鼠标左键并向下拖曳至H12单元格，即可填充相应的数据内容，效果如图7-18所示。

STEP 07 选择H13单元格，在单元格内输入公式:=SUM(H3:H12)。具体如图7-19所示。

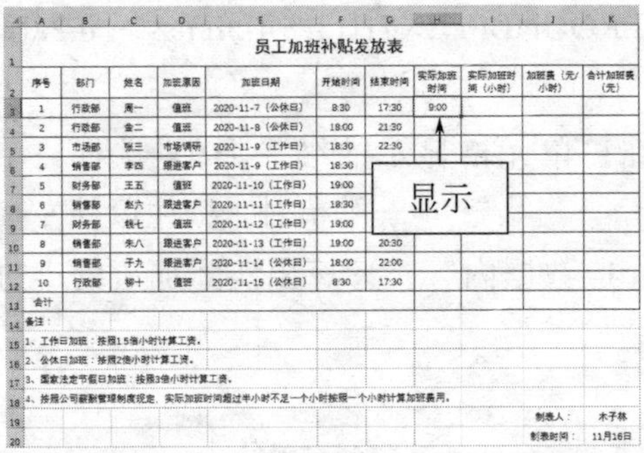

图 7-17　H3 单元格中的结果显示为 9:00 　　图 7-18　填充相应的数据内容

STEP 08　按【Enter】键确认，即可得出 H13 单元格的加班时间总计数据，效果如图 7-20 所示。

图 7-19　在单元格内输入公式 2　　　　图 7-20　得出 H13 单元格的加班
　　　　　　　　　　　　　　　　　　　　　　　　时间总计数据

> **专家提醒**
>
> 在 Excel 工作界面中，如果用户需要输入当前的时间和日期，可以利用以下组合键来进行编辑：
> ➢ 输入当前日期，按【Ctrl +；】组合键。
> ➢ 输入当前时间，按【Ctrl + Shift +；】组合键。

7.2.2　统计员工的实际加班小时数

员工加班补贴费用的计算，需要以员工实际加班的小时数为前提，小时数需要四舍五入进行计算。下面介绍统计员工实际加班小时数的具体操作方法。

➥ **STEP 01** 选择I3单元格，输入公式:=ROUND(TEXT(H3,"[h].mmss")+0.2,0)。具体如图7-21所示。

➥ **STEP 02** 按【Enter】键确认，此时在I3单元格显示的结果为9。选择I3单元格，将鼠标指针移至I3单元格右下角，当指针呈╋形状时，按住鼠标左键并向下拖曳至I12单元格，即可填充相应数据内容，计算出实际加班的小时数，效果如图7-22所示。

图7-21 输入公式　　　　　　　　　图7-22 计算出实际加班的小时数

> **专家提醒**
>
> 人力资源部必须以员工的加班申请表作为加班依据，然后统计员工实际的加班时间，再计算出员工的加班工资补贴。

7.2.3 计算员工加班费用总额

计算员工加班费用总额时需要注意，在国家规定的工作日内加班，加班费用按照1.5倍小时工资计算；在公休日内加班按照2倍小时工资计算；在国家法定节假日内加班按照3倍小时工资计算。因此，在计算员工加班费用总额的时候要分类处理。下面介绍计算员工加班费用总额的具体操作方法。

➥ **STEP 01** 在J3:J12单元格区域输入员工每小时加班的费用，选择K3单元格，在单元格中输入函数公式:=ROUND(I3*J3*2,2)。按【Enter】键确认，即可在K3单元格中得出数据结果为360。选择K3单元格，将鼠标指针移至K3单元格右下角，当指针呈现╋形状时，按住鼠标左键并向下拖曳至K12单元格，因K3、K4、K11以及K12单元格计算的是公休日的加班费，因此这里需要清除K5:K10单元格区域中的计算结果，效果如图7-23所示。

🔷 **STEP 02** 选择K5单元格，输入公式:=ROUND(I5*J5*1.5,2)。具体如图7-24所示。

图7-23 计算员工公休日加班费

图7-24 在单元格中输入函数公式

🔷 **STEP 03** 按【Enter】键确认，即可在K5单元格中得出数据结果。因K5单元格计算的是工作日的加班费，故其他单元格内的工作日加班费可以用同样的方法算出。选中K5单元格，将鼠标指针移至K5单元格右下角，当指针呈现➕形状时，按住鼠标左键并向下拖曳至K10单元格，即可填充工作日加班费的数据，效果如图7-25所示。

🔷 **STEP 04** 选择K13单元格，输入公式:=ROUND(SUM(K3:K12),2)。具体如图7-26所示。按【Enter】键确认，即可得出加班费的合计数。

图7-25 填充工作日加班费的数据

图7-26 输入公式

🔷 **STEP 05** 选择J3:K13单元格区域，打开"设置单元格格式"对话框，设置"小数位数"为2，如图7-27所示。

🔷 **STEP 06** 单击"确定"按钮，即可完成设置小数位数的操作，效果如图7-28所示。至此，完成"员工加班补贴发放表"的制作。

| 图7-27 设置"小数位数"为2 | 图7-28 完成设置小数位数的操作 |

7.3 薪资构成：制作员工工资明细表

一般情况下，固定工资和绩效工资是通过在岗位工资中的占比来调整的。在企业刚开始进行绩效考核时，往往绩效工资只占较小的比例；随着绩效考核工作落到实处，企业可以逐步加大绩效工资所占比例。奖金可以根据企业效益情况以及人力资源市场价格，进行相应调整。制作"员工工资明细表"主要是为了让各个员工知道自己的工资明细数据，了解薪酬的组成结构，从而有意识地提升自己的业绩。

本实例主要介绍"员工工资明细表"的制作流程和具体方法。

效果欣赏

"员工工资明细表"的最终效果如图7-29所示。

员工工资明细表										
序号	工号	部门	姓名	基本工资	福利补贴	绩效奖金	加班费	缺勤扣款	应发工资	代缴保险	代缴个税	实发工资
1	1001	销售部	周一	2300.00	800.00	12000.00	160.00	100.00	15160.00	460.98	869.90	13829.12
2	1002	市场部	金二	2300.00	800.00	8400.00	120.00		11620.00	320.65	529.94	10769.42
3	1003	市场部	张三	2300.00	800.00	4000.00	90.00		7190.00	320.65	93.47	6775.88
4	1004	行政部	李四	2300.00	800.00		180.00	50.00	3230.00	179.76	0.00	3050.24
5	1005	后勤部	王五	2300.00	800.00		90.00		3190.00	179.76	0.00	3010.24
6	1006	销售部	赵六	2300.00	800.00	7800.00	120.00	100.00	10920.00	258.33	466.17	10195.50
7	1007	管理部	钱七	2300.00	800.00		180.00		3280.00	108.79	0.00	3171.21
8	1008	销售部	朱八	2300.00	800.00	7800.00	120.00		11020.00	203.45	481.66	10334.90
9	1009	销售部	于九	2300.00	800.00	1900.00	90.00	50.00	5040.00	203.45	0.00	4836.55
10	1010	市场部	柳十	2300.00	800.00	4600.00	120.00		7820.00	320.65	149.94	7349.42

图7-29 员工工资明细表

技术点睛

1. 运用 Excel 的 ROUND 函数，计算员工的应发工资。
2. 通过 Excel 的 SUM 函数，计算代缴的员工个人所得税。
3. 通过 Excel 的 ROUND 函数，统计员工工资表中的实发金额。

7.3.1 计算员工应发工资数据

员工应发工资是指还未扣除代缴保险、个人所得税等的工资总额，除了员工缺勤扣款外，应发工资一般由基础工资、福利补贴、绩效奖金和加班费等组成。下面介绍计算员工应发工资的具体操作方法。

STEP 01 新建一个名为"员工工资明细表"的工作表，在表中输入相关内容，并设置表格的行高与列宽，效果如图 7-30 所示。

序号	工号	部门	姓名	基本工资	福利补贴	绩效奖金	加班费	缺勤扣款	应发工资	代缴保险	代缴个税	实发工资
1	1001	销售部	周一	2300	800	12000	160	100		460.98		
2	1002	市场部	金二	2300	800	8400	120			320.65		
3	1003	市场部	张三	2300	800	4000	90			320.65		
4	1004	行政部	李四	2300	800		180	50		179.76		
5	1005	后勤部	王五	2300	800		90			179.76		
6	1006	销售部	赵六	2300	800	7800	120	100		258.33		
7	1007	管理部	钱七	2300	800		180			108.79		
8	1008	销售部	朱八	2300	800	7800	120			203.45		
9	1009	销售部	于九	2300	800	1900	90	50		203.45		
10	1010	市场部	柳十	2300	800	4600	120			320.65		

图 7-30　在表中输入相关内容

专家提醒

人力资源部门在统计员工工资明细的时候，必须根据每一位员工的实际情况，以员工考勤数据与绩效情况为依据来统计数据，再提交上级领导审批。

STEP 02 设置表内相关单元格的格式，并为表格添加"所有框线"，选择 E3:M12 单元格区域，设置单元格区域中的数字只保留两位小数，效果如图 7-31 所示。

图 7-31　设置相关单元格格式后的效果

STEP 03 选择J3单元格，在单元格中输入公式:=ROUND (SUM(E3:H3)-I3,2)。具体如图7-32所示。

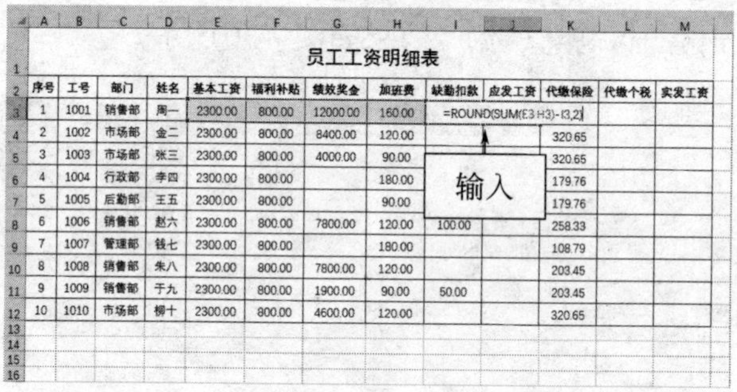

图 7-32　在单元格中输入公式

STEP 04 按【Enter】键确认，即可得出J3单元格数据结果为15160.00。选择J3单元格，将鼠标指针移至J3单元格右下角，当指针呈现╋形状时，按住鼠标左键并向下拖曳至J12单元格，即可填充其他员工的应发工资的数据内容，如图7-33所示。

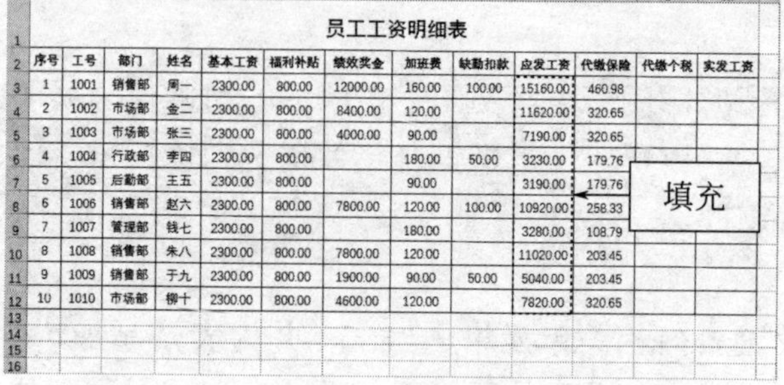

图 7-33　填充其他员工的应发工资的数据内容

7.3.2 计算个人所得税代缴数据

个人所得税一般由企业代缴，它是调整征税机关与自然人（居民、非居民）之间在个人所得税的征纳与管理过程中所发生的社会关系法律规范的总称。下面介绍计算个人所得税代缴数据的具体操作方法。

STEP 01 选择L3单元格，输入公式：=SUM((J3-K3-{5000,7000}>0)* (J3-K3-{5000,7000})*0.05)。具体如图7-34所示。

序号	工号	部门	姓名	基本工资	福利补贴	绩效奖金	加班费	缺勤扣款	应发工资	代缴保险	代缴个税	实发工资
					员工工资明细表							
1	1001	销售部	周一	2300.00	800.00	12000.00	160.00	100.00	15160	=SUM((J3-K3-{5000,7000})>0)*(J3-K3-{5000,7000})*0.05)		
2	1002	市场部	金二	2300.00	800.00	8400.00	120.00		11620			
3	1003	市场部	张三	2300.00	800.00	4000.00	90.00		7190.00	320.65		
4	1004	行政部	李四	2300.00	800.00		180.00	50.00	3230.00	179.76		
5	1005	后勤部	王五	2300.00	800.00		90.00		3190.00	179.76		
6	1006	销售部	赵六	2300.00	800.00	7800.00	120.00	100.00	10920.00	258.33		
7	1007	管理部	钱七	2300.00	800.00		180.00		3280.00	108.79		
8	1008	销售部	朱八	2300.00	800.00	7800.00	120.00		11020.00	203.45		
9	1009	销售部	于九	2300.00	800.00	1900.00	90.00	50.00	5040.00	203.45		
10	1010	市场部	柳十	2300.00	800.00	4600.00	120.00		7820.00	320.65		

图7-34 输入公式

STEP 02 按【Enter】键确认，即可得出L3单元格数据结果为869.90。用与7.3.1同样的方法，计算其他员工的个人所得税代缴数据，结果如图7-35所示。

序号	工号	部门	姓名	基本工资	福利补贴	绩效奖金	加班费	缺勤扣款	应发工资	代缴保险	代缴个税	实发工资
					员工工资明细表							
1	1001	销售部	周一	2300.00	800.00	12000.00	160.00	100.00	15160.00	460.98	869.90	
2	1002	市场部	金二	2300.00	800.00	8400.00	120.00		11620.00	320.65	529.94	
3	1003	市场部	张三	2300.00	800.00	4000.00	90.00		7190.00	320.65	93.47	
4	1004	行政部	李四	2300.00	800.00		180.00	50.00	3230.00	179.76	0.00	
5	1005	后勤部	王五	2300.00	800.00		90.00		3190.00	179.76	0.00	
6	1006	销售部	赵六	2300.00	800.00	7800.00	120.00	100.00	10920.00	258.33	466.17	
7	1007	管理部	钱七	2300.00	800.00		180.00		3280.00	108.79	0.00	
8	1008	销售部	朱八	2300.00	800.00	7800.00	120.00		11020.00	203.45	481.66	
9	1009	销售部	于九	2300.00	800.00	1900.00	90.00	50.00	5040.00	203.45	0.00	
10	1010	市场部	柳十	2300.00	800.00	4600.00	120.00		7820.00	320.65	149.84	

图7-35 计算其他员工的个人所得税代缴数据

7.3.3 统计工资表中实发金额

员工个人的实发工资是扣除所有的税与代缴保险等费用后得到的金额，下面介绍统计工资表中实发工资金额的具体操作方法。

STEP 01 选择M3单元格，输入公式：=ROUND(J3-K3-L3,2)。具体如图7-36所示。

图7-36 输入公式

STEP 02 按【Enter】键确认，即可在M3单元格中得到数据结果13829.12，用7.3.1相同的方法计算出其他员工的实发工资数据，具体如图7-37所示。至此，完成"员工工资明细表"的制作。

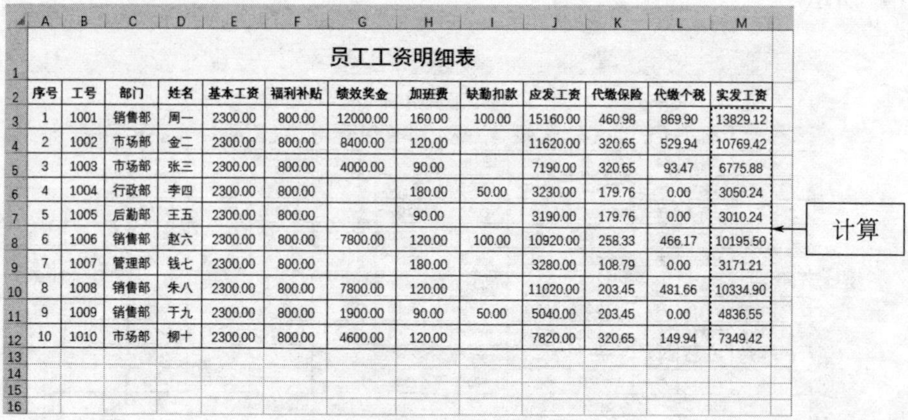

图7-37 计算出其他员工的实发工资数据

> **专家提醒**
>
> 如果选择的单元格区域为数组，则只有其中的数字将被计算，而数组中的空白单元格、逻辑值或文本都将被忽略。

7.4 工资发放：制作员工工资条领取表

"员工工资条领取表"的数据与"员工工资明细表"的数据一致。在发放工资的当日，员工可以去人力资源部门领取自己的工资条，在工资条上可以清楚地看到自己的工资明细。

本实例主要介绍"员工工资条领取表"的制作流程和具体方法。

效果欣赏

"员工工资条领取表"的最终效果如图7-38所示。

序号	工号	部门	姓名	基本工资	福利补贴	绩效奖金	加班费	缺勤扣款	应发工资	代缴保险	代缴个税	实发工资
1	1001	销售部	周一	2300	800	12000	160	100	15160	460.98	869.902	13829.12
序号	工号	部门	姓名	基本工资	福利补贴	绩效奖金	加班费	缺勤扣款	应发工资	代缴保险	代缴个税	实发工资
2	1002	市场部	金二	2300	800	8400	120	0	11620	320.65	529.935	10769.42
序号	工号	部门	姓名	基本工资	福利补贴	绩效奖金	加班费	缺勤扣款	应发工资	代缴保险	代缴个税	实发工资
3	1003	市场部	张三	2300	800	4000	90	0	7190	320.65	93.4675	6775.88
序号	工号	部门	姓名	基本工资	福利补贴	绩效奖金	加班费	缺勤扣款	应发工资	代缴保险	代缴个税	实发工资
4	1004	行政部	李四	2300	800	0	180	50	3230	179.76	0	3050.24
序号	工号	部门	姓名	基本工资	福利补贴	绩效奖金	加班费	缺勤扣款	应发工资	代缴保险	代缴个税	实发工资
5	1005	后勤部	王五	2300	800	0	90	0	3190	179.76	0	3010.24
序号	工号	部门	姓名	基本工资	福利补贴	绩效奖金	加班费	缺勤扣款	应发工资	代缴保险	代缴个税	实发工资
6	1006	销售部	赵六	2300	800	7800	120	100	10920	258.33	466.167	10195.5
序号	工号	部门	姓名	基本工资	福利补贴	绩效奖金	加班费	缺勤扣款	应发工资	代缴保险	代缴个税	实发工资
7	1007	管理部	钱七	2300	800	0	180	0	3280	108.79	0	3171.21
序号	工号	部门	姓名	基本工资	福利补贴	绩效奖金	加班费	缺勤扣款	应发工资	代缴保险	代缴个税	实发工资
8	1008	销售部	朱八	2300	800	8000	120	0	11020	203.45	481.655	10334.9
序号	工号	部门	姓名	基本工资	福利补贴	绩效奖金	加班费	缺勤扣款	应发工资	代缴保险	代缴个税	实发工资
9	1009	销售部	于九	2300	800	1900	90	50	5040	203.45	0	4836.55
序号	工号	部门	姓名	基本工资	福利补贴	绩效奖金	加班费	缺勤扣款	应发工资	代缴保险	代缴个税	实发工资
10	1010	市场部	柳十	2300	800	4600	120	0	7820	320.65	149.935	7349.42

图 7-38　员工工资条领取表

技术点睛

1. 新建一个工作表，在工作表内创建"员工工资条领取表"的表头。
2. 运用Excel的VLOOKUP函数，跨工作表引用数据制作工资条。

7.4.1 创建员工工资条领取表表头

员工工资条既能保证员工自身利益,也是员工领取薪酬的一个凭证。下面介绍创建"员工工资条领取表"表头的具体操作方法。

STEP 01 复制"7.3 薪资构成:制作员工工资明细表"效果文件,在"员工工资明细表"的右侧新建一个名为"员工工资条领取表"的工作表,在表中输入员工工资条领取表的表头信息,并设置表格的行高和列宽,效果如图7-39所示。

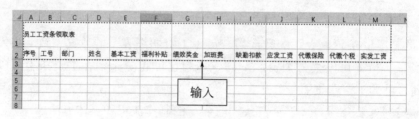

图 7-39 输入表头信息

STEP 02 设置A1:M1单元格区域的"对齐方式"为"合并后居中"、"字体"为"黑体"、"字号"为18;设置A2:M2单元格区域的"对齐方式"为"居中"、"字体"为"加粗",效果如图7-40所示。

图 7-40 设置单元格格式后的效果

7.4.2 跨工作表引用数据制作工资条

"员工工资条领取表"本就是在"员工工资明细表"的基础上制作的,在制作"员工工资条领取表"的时候可以直接引用"员工工资明细表"的数据。下面介绍跨工作表引用数据制作工资条的具体操作方法。

STEP 01 在工作表中选择A3单元格,在单元格中输入数字1,选择B3单元格,在单元格中输入公式:=VLOOKUP($A3,员工工资明细表!$A$3:$N$12,COLUMN(),0)。具体如图7-41所示。

图 7-41 输入公式

STEP 02 按【Enter】键确认,此时B3单元格中显示数据1001。选择B3单元格,将鼠标指针移至B3单元格右下角,当指针呈现 ✚ 形状时,按住鼠标左键并向右拖曳至M3单元格,即可填充第1行员工工资条的相应数据信息,效果如图7-42所示。

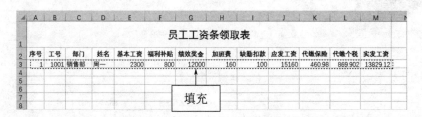

图 7-42 填充第1行员工工资条的相应数据信息

STEP 03 选择A2:M4单元格区域,添加框线效果,并设置单元格中相应的"对齐方式",将鼠标指针移至M4单元格右下角,用上述方法填充其他员工工资条领取表的信息,效果如图7-43所示。至此,完成跨工作表引用数据制作工资条的操作。

图 7-43 填充其他员工工资条领取表的信息

7.5 年薪管理：制作带薪年假天数统计表

2008年1月1日，《职工带薪年休假条例》正式实施，其目的是维护所有职工的休息休假权利，调动职工工作积极性。《职工带薪年休假条例》规定年休5天的实施对象是工龄已满1年但不满10年的职工；年休假10天的实施对象是工龄已满10年但不满20年的职工；年休假15天的实施对象工龄达到20年及以上的职工。同时，法定节假日与公休日不计入年休假的假期。

本实例主要介绍"带薪年假天数统计表"的制作流程和具体方法。

效果欣赏

"带薪年假天数统计表"的最终效果如图7-44所示。

带薪年假天数统计表						
工号	部门	姓名	入职日期	工龄	带薪年假天数计算方法一	带薪年假天数计算方法二
1001	销售部	周一	2016年11月25日	3	5	5
1002	市场部	金二	2019年1月4日	1	5	5
1003	市场部	张三	2011年5月5日	9	5	5
1004	行政部	李四	2009年7月5日	11	10	10
1005	后勤部	王五	2005年6月5日	15	10	10
1006	销售部	赵六	2010年4月8日	10	10	10
1007	管理部	钱七	2020年4月10日	0	0	0
1008	销售部	朱八	2017年6月5日	3	5	5
1009	销售部	于九	2020年5月5日	0	0	0
1010	市场部	柳十	2018年8月6日	2	5	5

图7-44 带薪年假天数统计表

技术点睛

1. 运用Excel的DATEDIF函数，统计员工的工龄。
2. 运用Excel的IF函数，计算带薪年假天数。
3. 运用Excel的SUM函数数组公式，计算带薪年假天数。

7.5.1 统计员工的工龄

人力资源管理人员在制作"带薪年假天数统计表"时，首先要确定每个员工的工龄。下面介绍统计员工工龄的具体操作方法。

STEP 01 新建一个名为"带薪年假天数统计表"的工作表，在表中输入相应的信息，设置表格的行高与列宽，效果如图7-45所示。

STEP 02 设置工作表内相关单元格的对齐方式与字体格式，为工作表添加框线，设置D3:D12单元格区域的相应日期格式，效果如图7-46所示。

图7-45 在表中输入相应的信息内容

图7-46 设置相应单元格的日期格式效果

STEP 03 选择E3单元格，在单元格中输入公式:=DATEDIF(D3, TODAY(), "y")。具体如图7-47所示。

STEP 04 按【Enter】键确认，此时E3单元格显示结果为3。选中E3单元格，将鼠标指针移至E3单元格右下角，当指针呈现╋形状时，按住鼠标左键并向下拖曳至E12单元格，即可完成员工工龄的数据填充，效果如图7-48所示。

图7-47 在单元格中输入公式

图7-48 完成员工工龄数据填充后的效果

7.5.2 利用函数计算带薪年假天数

人力资源管理人员应按照国家标准，根据员工工龄来计算带薪年假天数。计算带薪年假有多种方法，现在介绍第一种方法，即利用IF函数来计算带薪年假天数。

STEP 01 选择F3单元格，输入公式=IF(E3<1,0,IF(E3<10,5,IF(E3<20,10,15)))。具体如图7-49所示。

STEP 02 按【Enter】键确认，此时F3单元格显示结果为5，用与7.5.1相同的方法完成"带薪年假天数计算方法一"数据的填充，效果如图7-50所示。

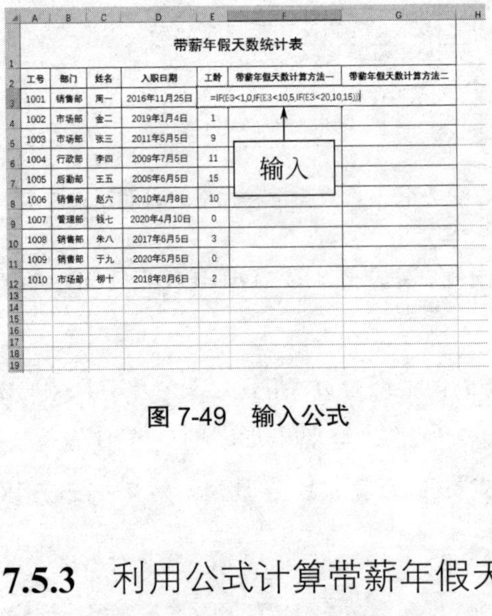

图 7-49　输入公式　　　　　　　　图 7-50　填充带薪年假天数数据后的效果

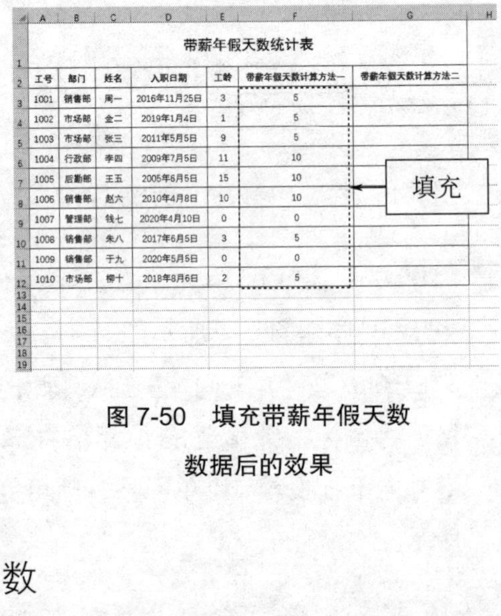

7.5.3 利用公式计算带薪年假天数

除了使用IF函数计算带薪年假天数外，还可以使用SUM函数数组公式来统计带薪年假天数。下面介绍利用数组公式计算带薪年假天数的具体操作方法。

STEP 01 选择G3单元格，在单元格中输入公式=SUM(5*(E3>={1,10,20}))。具体如图7-51所示。

STEP 02 按【Enter】键确认，此时G3单元格显示结果为5。用与7.5.1相同的方法完成"带薪年假天数计算方法二"数据的填充，效果如图7-52所示。至此，完成"带薪年假天数统计表"的制作。

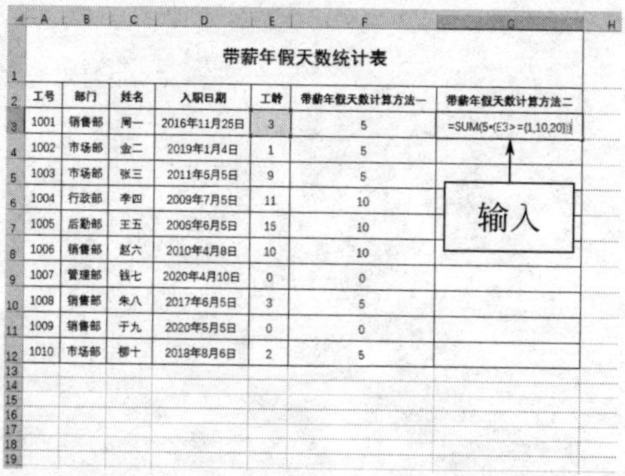

带薪年假天数统计表						
工号	部门	姓名	入职日期	工龄	带薪年假天数计算方法一	带薪年假天数计算方法二
1001	销售部	周一	2016年11月25日	3	5	=SUM(5*(E3>={1,10,20}))
1002	市场部	金二	2019年1月4日	1	5	
1003	市场部	张三	2011年5月5日	9	5	
1004	行政部	李四	2009年7月5日	11	10	
1005	后勤部	王五	2005年6月5日	15	10	
1006	销售部	赵六	2010年4月8日	10	10	
1007	管理部	钱七	2020年4月10日	0	0	
1008	销售部	朱八	2017年6月5日	3	5	
1009	销售部	于九	2020年5月5日	0	0	
1010	市场部	柳十	2018年8月6日	2	5	

图 7-51　在单元格中输入公式

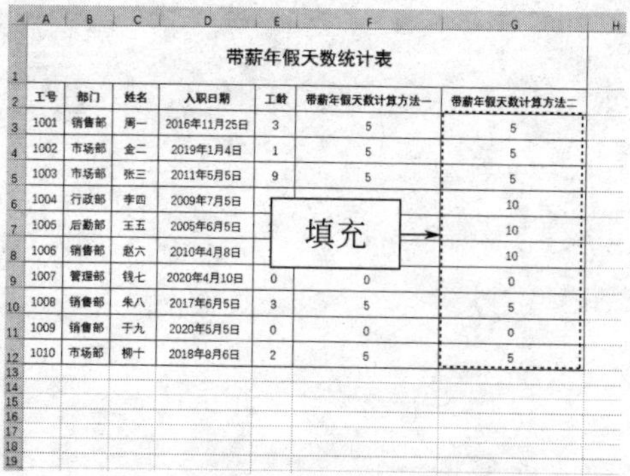

带薪年假天数统计表						
工号	部门	姓名	入职日期	工龄	带薪年假天数计算方法一	带薪年假天数计算方法二
1001	销售部	周一	2016年11月25日	3	5	5
1002	市场部	金二	2019年1月4日	1	5	5
1003	市场部	张三	2011年5月5日	9	5	5
1004	行政部	李四	2009年7月5日	[illegible]	[illegible]	10
1005	后勤部	王五	2005年6月5日	[illegible]	[illegible]	10
1006	销售部	赵六	2010年4月8日	[illegible]	[illegible]	10
1007	管理部	钱七	2020年4月10日	0	0	0
1008	销售部	朱八	2017年6月5日	3	5	5
1009	销售部	于九	2020年5月5日	0	0	0
1010	市场部	柳十	2018年8月6日	2	5	5

图 7-52　完成“带薪年假天数计算方法二”数据的填充

专家提醒

员工在某些情况下是不能休年假的。例如：累计工作满1年不满10年的职工，请病假累计2个月以上的；职工依法享受寒暑假，其休假天数多于年休假天数的。以上这两种情况都不享受当年的年休假。因此，人力资源部门要根据员工的实际情况来统计带薪年假。

第8章

社保：
职工社保日常报表管理

社保主要包括养老保险、医疗保险、失业保险、工伤保险与生育保险等。人力资源部门应核实每一位职工的社保状况，为职工购买社保。本章主要提供了用于职工社保日常管理的相关表格，并详细介绍了应用Excel进行设计及制作的方法。

第8章12个演示视频
请扫码观看

8.1 缴纳比例：制作保险缴费基数核定表

保险缴费的一部分费用是由企业承担的，另一部分费用是由个人承担的。对于两者之间的比例，每家企业都是根据国家制定的标准来执行的，每个地区都有不同的缴费基数，每位员工缴纳的保险费用也与其自身的工资基数有关，因此，每个员工所缴纳的保险费用不尽相同。"保险缴费基数核定表"就是用于登记个人及单位缴纳的各项保险费用比例的表格。人力资源部门会根据各类保险缴纳的金额比例，计算员工的保险费用，包括单位缴纳金额与个人缴纳金额。

本实例主要介绍"保险缴费基数核定表"的制作流程和具体方法。

效果欣赏

"保险缴费基数核定表"的最终效果如图8-1所示。

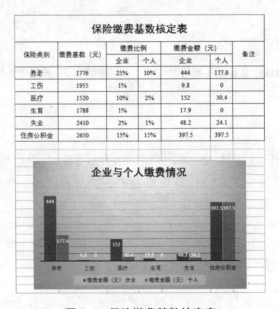

图8-1　保险缴费基数核定表

技术点睛

1. 运用Excel的ROUNDUP函数，统计企业所需缴纳的各类保险金额。
2. 运用Excel的ROUNDUP函数，统计员工个人所需缴纳的保险金额。
3. 在工作表中插入"簇状柱形图"，分析企业以及个人所需缴纳的保险金额。

8.1.1 创建保险缴费基数核定表

"保险缴费基数核定表"主要包含保险类别、缴费基数、缴费比例和缴费金额等内容。下面介绍创建"保险缴费基数核定表"的具体操作方法。

STEP 01 新建一个名为"保险缴费基数核定表"的工作表，在工作表中输入相应的信息，并设置工作表的行高与列宽，效果如图8-2所示。

STEP 02 在工作表中设置对齐方式、字体格式等，并为表格添加"所有框线"，效果如图8-3所示。

图 8-2 输入内容并设置行高与列宽　　　　图 8-3 设置表格格式后的效果

> **专家提醒**
>
> 人力资源部门根据国家规定的缴费比例，可以运用函数计算出企业及个人的缴费金额，这样可以避免数据计算出错。表格制作完成后，提交上级领导审阅。

8.1.2 用函数统计保险缴费金额

人力资源部门需根据不同保险种类的缴纳比例，统计企业及员工需要缴纳的保险金额，但这个过程涉及的数据多而且复杂，如果手动计算很容易出错。此时，人力资源部门可以使用Excel的函数功能进行统计。下面介绍用函数统计保险缴纳金额的具体操作方法。

STEP 01 选择E4单元格，输入公式:=ROUNDUP(B4*C4,1)。具体如图8-4所示。

> **STEP 02** 按【Enter】键确认,即可得出 E4 单元格的计算结果,统计企业需要缴纳的养老保险金额,如图 8-5 所示。

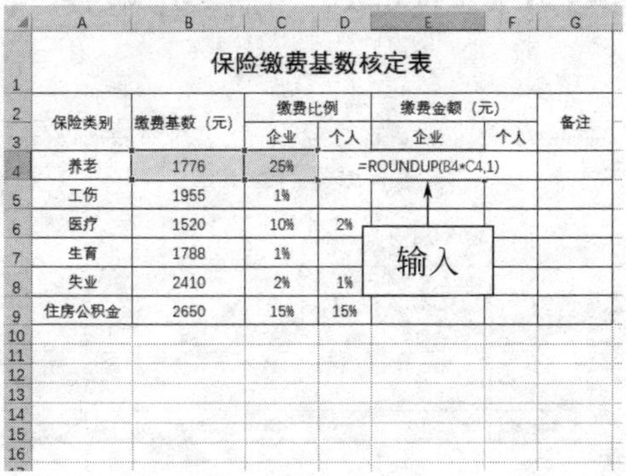

图 8-4　输入公式 　　　　　　　图 8-5　统计企业所需缴纳的养老保险金额

> **专家提醒**
>
> 在 E4 单元格中可以输入公式:=ROUNDUP(ROUNDDOWN(B4*C4,2),1)。按【Enter】键确认,也可以统计出企业需要缴纳的养老保险金额。

> **STEP 03** 选中 E4 单元格,将鼠标指针移至 E4 单元格右下角,当指针呈现 ✚ 形状时,按住鼠标左键并向下拖曳至 E9 单元格,释放鼠标左键即可统计企业需要缴纳的其他保险金额,效果如图 8-6 所示。

> **STEP 04** 在工作表中选择 F4 单元格,在单元格中输入公式:=ROUNDUP(B4*D4,1)。具体如图 8-7 所示。

图 8-6　统计企业需要缴纳的其他保险金额 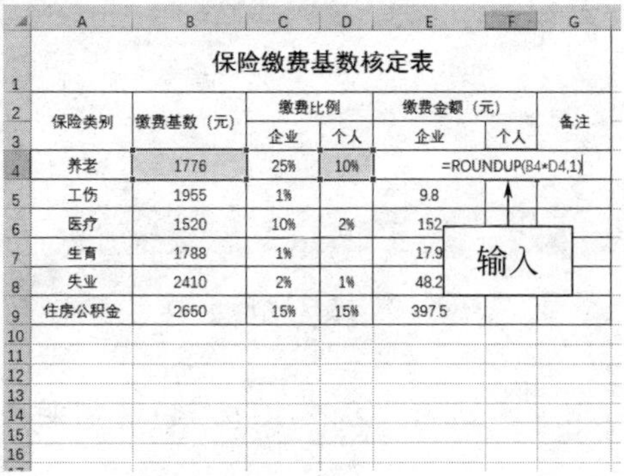　　　　图 8-7　在单元格中输入公式

➡ **STEP 05** 按【Enter】键确认，即可在F4单元格中统计出个人需要缴纳的养老保险金额的计算结果，如图8-8所示。

➡ **STEP 06** 用拖曳的方法在F5:F9单元格区域中统计员工个人需要缴纳的其他保险金额，效果如图8-9所示。

图 8-8 统计个人需要缴纳的养老保险金额

图 8-9 统计员工个人缴纳的其他保险金额

➡ **STEP 07** 在工作表中选择B4:F9单元格区域，单击鼠标右键，弹出快捷菜单，选择"设置单元格格式"选项，弹出"设置单元格格式"对话框，选择"字体"选项卡，在"字体"下拉列表框里选择Times New Roman选项，如图8-10所示。

➡ **STEP 08** 单击"确定"按钮，即可完成对工作表中B4:F9单元格区域字体格式的设置，效果如图8-11所示。

图 8-10 选择相应选项

图 8-11 设置字体格式后的效果

8.1.3 分析保险缴费类别的数据

企业与个人的保险费用缴纳比例不同，所以两者缴纳的金额也不同。下面介绍分析两类保险缴费数据的具体操作方法。

➦ STEP 01 按住【Ctrl】键的同时选择 A2:A9、E2:F9 单元格区域,在"插入"面板的"图表"选项板中,单击"插入柱形图或条形图"按钮,如图 8-12 所示。

➦ STEP 02 在弹出的列表框中选择"二维柱形图"下方的"簇状柱形图"选项,如图 8-13 所示。

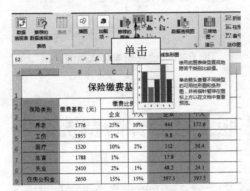

图 8-12 单击"插入柱形图或条形图"按钮

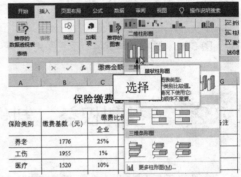

图 8-13 选择"簇状柱形图"选项

➦ STEP 03 执行上述操作后,即可在工作表下方插入簇状柱形图,如图 8-14 所示。

➦ STEP 04 选择"图表标题"文本框,将其修改为"企业与个人缴费情况",效果如图 8-15 所示。

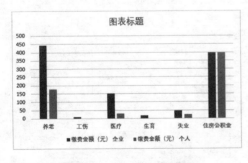

图 8-14 插入簇状柱形图

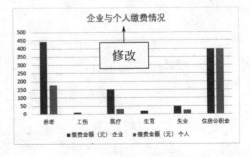

图 8-15 修改图表标题

➦ STEP 05 选择簇状柱形图,在"设计"面板的"图表样式"选项板中,选择"样式4"图表样式,如图 8-16 所示。

➦ STEP 06 执行上述操作后,即可对图表设置样式,效果如图 8-17 所示。至此,完成"保险缴费基数核定表"的制作。

Excel人力资源管理：从入门到精通

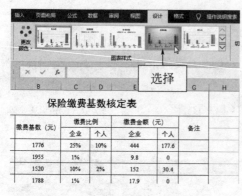

图 8-16 选择"样式 4"图表样式

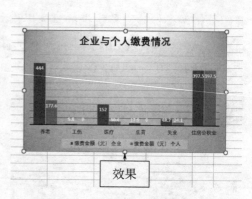

图 8-17 设置图表样式后的效果

8.2 福利权益：制作职工社会保险费统计表

企业为职工缴纳社会保险的好处有许多，一方面可以提高企业的团队凝聚力，让职工有归属感；另一方面可以降低企业内部的人员流失率。企业人力资源部门通过制作"职工社会保险费统计表"来统计职工社会保险费的缴纳情况。本实例主要介绍"职工社会保险费统计表"的制作流程和具体方法。

效果欣赏

"职工社会保险费统计表"的最终效果如图 8-18 所示。

工号	姓名	年度缴费基数	养老保险			工伤保险			医疗保险			生育保险			失业保险			月度保险总额	年度保险总额
			合计35%	企业25%	个人10%	合计1%	企业1%	个人(无)	合计12%	企业10%	个人2%	合计1%	企业1%	个人(无)	合计3%	企业2%	个人1%		
1001	周一	3354	1179.9	838.5	335.4	33.54	33.54	0.00	402.48	335.4	67.08	33.54	33.54	0.00	100.62	67.08	33.54	1744.08	20928.96
1002	金二	4468	1563.8	1117	446.8	44.68	44.68	0.00	536.16	446.8	89.36	44.68	44.68	0.00	134.04	89.36	44.68	2323.36	27880.32
1003	张三	1564	547.4	391	156.4	15.64	15.64	0.00	187.68	156.4	31.28	15.64	15.64	0.00	46.92	31.28	15.64	813.28	9759.36
1004	李四	4362	1526.7	1090.5	436.2	43.62	43.62	0.00	523.44	436.2	87.24	43.62	43.62	0.00	130.86	87.24	43.62	2268.24	27218.88
1005	王五	1254	438.9	313.5	125.4	12.54	12.54	0.00	150.48	125.4	25.08	12.54	12.54	0.00	37.62	25.08	12.54	652.08	7824.96
1006	赵六	2354	823.9	588.5	235.4	23.54	23.54	0.00	282.48	235.4	47.08	23.54	23.54	0.00	70.62	47.08	23.54	1224.08	14688.96
1007	钱七	1152	403.2	288	115.2	11.52	11.52	0.00	138.24	115.2	23.04	11.52	11.52	0.00	34.56	23.04	11.52	599.04	7188.48
1008	宋八	1354	473.9	338.5	135.4	13.54	13.54	0.00	162.48	135.4	27.08	13.54	13.54	0.00	40.62	27.08	13.54	704.08	8448.96
1009	于九	2549	892.15	637.25	254.9	25.49	25.49	0.00	305.88	254.9	50.98	25.49	25.49	0.00	76.47	50.98	25.49	1325.48	15905.76
1010	郴十	2664	932.4	666	266.4	26.64	26.64	0.00	319.68	266.4	53.28	26.64	26.64	0.00	79.92	53.28	26.64	1385.28	16623.36
1011	石毅	3453	1208.55	863.25	345.3	34.53	34.53	0.00	414.36	345.3	69.06	34.53	34.53	0.00	103.59	69.06	34.53	1795.56	21546.72
	合计		9984.8	7132	2852.8	285.28	285.28	0	3423.36	2852.8	570.56	285.28	285.28	0	855.84	570.56	285.28	14834.56	178014.72

图 8-18 职工社会保险费统计表

技术点睛

1．运用Excel的函数公式，统计企业所需缴纳的各类保险费用。

2.运用Excel的函数公式,统计个人所需缴纳的各类保险费用。

3.运用Excel的ROUND函数,统计员工的月度社会保险费用的总额。

4.运用Excel的SUM函数,统计员工的年度社会保险费用的总额。

8.2.1 创建职工社会保险费统计表

"职工社会保险费统计表"主要包含5种保险,分别是养老保险、工伤保险、医疗保险、生育保险和失业保险。下面介绍创建"职工社会保险费统计表"的具体操作方法。

STEP 01 新建一个名为"职工社会保险费统计表"的工作表,在工作表中输入相应的信息,并设置工作表的行高与列宽,效果如图8-19所示。

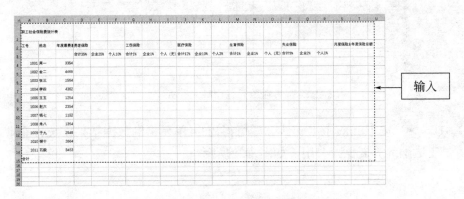

图 8-19　输入内容并设置行高与列宽

STEP 02 在工作表中设置对齐方式、字体格式等,并为表格添加"所有框线",效果如图8-20所示。

图 8-20　设置表格格式后的效果

> **专家提醒**
>
> 人力资源部门在制作"职工社会保险费统计表"的时候，必须根据每位员工的实际缴费基数计算企业以及个人所需缴纳的保险费用。

STEP 03 选择E4单元格，在单元格中输入公式:=C4*25%。具体如图8-21所示。

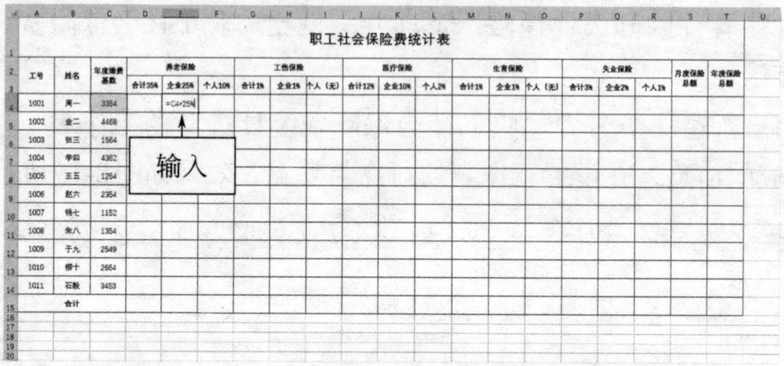

图8-21 在单元格中输入公式（1）

STEP 04 按【Enter】键确认，即可得出E4单元格的数据结果，统计企业为员工缴纳的养老保险费用，如图8-22所示。

图8-22 统计企业为员工缴纳的养老保险费用

STEP 05 选中E4单元格，将鼠标指针移至E4单元格右下角，当指针呈现╋形状时，按住鼠标左键并向下拖曳至E14单元格，即可统计企业为其他员工缴纳的养老保险费用，效果如图8-23所示。

STEP 06 选择F4单元格，在单元格中输入公式:=C4*10%。具体如图8-24所示。

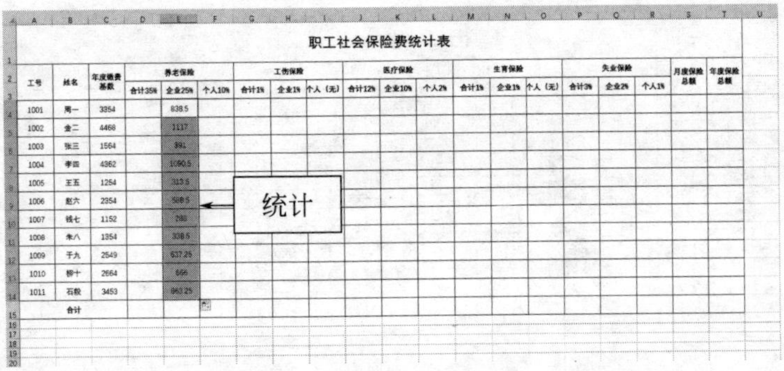

图 8-23　统计企业为其他员工缴纳的养老保险费用

图 8-24　在单元格中输入公式（2）

> **STEP 07**　按【Enter】键确认，即可得出 F4 单元格的数据结果，统计个人缴纳的养老保险费用，如图 8-25 所示。

图 8-25　统计个人缴纳的养老保险费用

> **STEP 08**　用拖曳的方法，统计其他员工缴纳的养老保险费用，如图 8-26 所示。
> **STEP 09**　选择 H4 单元格，在单元格中输入公式：=C4*1%。具体如图 8-27 所示。

图 8-26　统计其他员工缴纳的养老保险费用

图 8-27　在单元格中输入公式（3）

> **STEP 10**　按【Enter】键确认，即可得出 H4 单元格的数据结果为 33.54，统计企业为员工缴纳的工伤保险费用，用拖曳的方法，统计企业为其他员工缴纳的工伤保险费用，如图 8-28 所示。

图 8-28　统计企业为其他员工缴纳的工伤保险费用

> **STEP 11**　选择 K4 单元格，在单元格中输入公式：=C4*10%。具体如图 8-29 所示。

图 8-29 在单元格中输入公式（4）

⚙ **STEP 12** 按【Enter】键确认，即可在K4单元格中得出企业应为员工缴纳的医疗保险费用，用拖曳的方法统计企业应为其他员工缴纳的医疗保险费用，效果如图8-30所示。

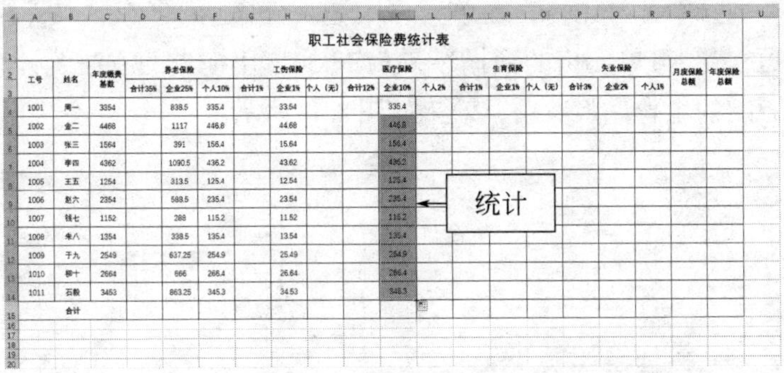

图 8-30 统计企业应为其他员工缴纳的医疗保险费用

⚙ **STEP 13** 选择L4单元格，在单元格中输入公式:=C4*2%。具体如图8-31所示。

图 8-31 在单元格中输入公式（5）

STEP 14 按【Enter】键确认，即可在L4单元格中得出员工个人应缴纳的医疗保险费用。用拖曳的方法统计其他员工个人应缴纳的医疗保险费用，如图8-32所示。

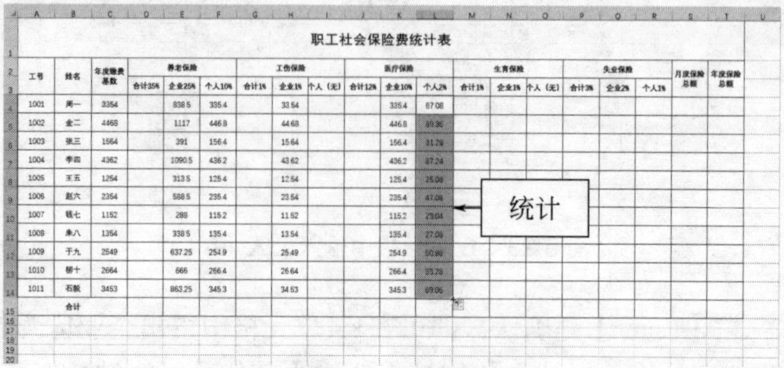

职工社会保险费统计表

工号	姓名	年度缴费基数	养老保险			工伤保险			医疗保险			生育保险			失业保险			月度保险总额	年度保险总额
			合计35%	企业25%	个人10%	合计1%	企业1%	个人（无）	合计12%	企业10%	个人2%	合计1%	企业1%	个人（无）	合计3%	企业2%	个人1%		
1001	周一	3354		838.5	335.4		33.54			335.4	67.08								
1002	金二	4468		1117	446.8		44.68			446.8	89.36								
1003	张三	1564		391	156.4		15.64			156.4	31.28								
1004	李四	4362		1090.5	436.2		43.62			436.2	87.24								
1005	王五	1254		313.5	125.4		12.54			125.4	25.08								
1006	赵六	2354		588.5	235.4		23.54			235.4	47.08								
1007	钱七	1152		288	115.2		11.52			115.2	23.04								
1008	朱八	1354		338.5	135.4		13.54			135.4	27.08								
1009	于九	2549		637.25	254.9		25.49			254.9	50.98								
1010	柳十	2664		666	266.4		26.64			266.4	53.28								
1011	石毅	3453		863.25	345.3		34.53			345.3	69.06								
	合计																		

图8-32　统计其他员工个人应缴纳的医疗保险费用

STEP 15 选择N4单元格，在单元格中输入公式:=C4*1%。按【Enter】键确认，即可得出N4单元格的数据结果为33.54。用拖曳的方法统计企业应为其他员工缴纳的生育保险费用，效果如图8-33所示。

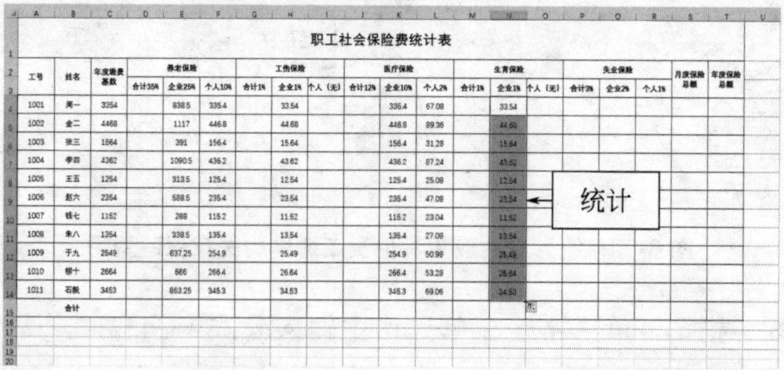

职工社会保险费统计表

工号	姓名	年度缴费基数	养老保险			工伤保险			医疗保险			生育保险			失业保险			月度保险总额	年度保险总额
			合计35%	企业25%	个人10%	合计1%	企业1%	个人（无）	合计12%	企业10%	个人2%	合计1%	企业1%	个人（无）	合计3%	企业2%	个人1%		
1001	周一	3354		838.5	335.4		33.54			335.4	67.08		33.54						
1002	金二	4468		1117	446.8		44.68			446.8	89.36		44.68						
1003	张三	1564		391	156.4		15.64			156.4	31.28		15.64						
1004	李四	4362		1090.5	436.2		43.62			436.2	87.24		43.62						
1005	王五	1254		313.5	125.4		12.54			125.4	25.08		12.54						
1006	赵六	2354		588.5	235.4		23.54			235.4	47.08		23.54						
1007	钱七	1152		288	115.2		11.52			115.2	23.04		11.52						
1008	朱八	1354		338.5	135.4		13.54			135.4	27.08		13.54						
1009	于九	2549		637.25	254.9		25.49			254.9	50.98		25.49						
1010	柳十	2664		666	266.4		26.64			266.4	53.28		26.64						
1011	石毅	3453		863.25	345.3		34.53			345.3	69.06		34.53						
	合计																		

图8-33　统计企业应为其他员工缴纳的生育保险费用

STEP 16 选择Q4单元格，在单元格中输入公式:=C4*2%。按【Enter】键确认，即可得出Q4单元格的数据结果为67.08，统计企业为员工缴纳的失业保险费用，用拖曳的方法统计企业为其他员工缴纳的失业保险费用，效果如图8-34所示。

STEP 17 选择R4单元格，在单元格中输入公式:=C4*1%。按【Enter】键确认，即可得出R4单元格的数据结果为33.54，统计出员工个人缴纳的失业保险费用。用拖曳的方法统计其他员工个人应缴纳的失业保险费用，效果如图8-35所示。

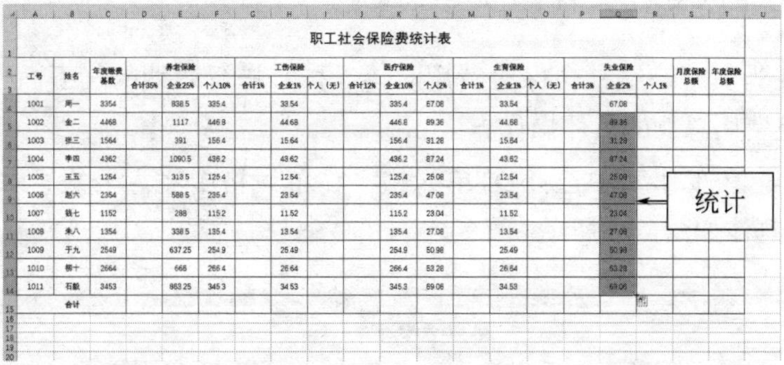
职工社会保险费统计表

工号	姓名	年度缴费基数	养老保险			工伤保险			医疗保险			生育保险			失业保险			月度保险总额	年度保险总额
			合计35%	企业25%	个人10%	合计1%	企业1%	个人（无）	合计12%	企业10%	个人2%	合计1%	企业1%	个人（无）	合计3%	企业2%	个人1%		
1001	周一	3354		838.5	335.4		33.54			335.4	67.08		33.54			67.08			
1002	金二	4468		1117	446.8		44.68			446.8	89.36		44.68			89.36			
1003	张三	1564		391	156.4		15.64			156.4	31.28		15.64			31.28			
1004	李四	4362		1090.5	436.2		43.62			436.2	87.24		43.62			87.24			
1005	王五	1254		313.5	125.4		12.54			125.4	25.08		12.54			25.08			
1006	赵六	2354		588.5	235.4		23.54			235.4	47.08		23.54			47.08			
1007	钱七	1152		288	115.2		11.52			115.2	23.04		11.52			23.04			
1008	朱八	1354		338.5	135.4		13.54			135.4	27.08		13.54			27.08			
1009	于九	2549		637.25	254.9		25.49			254.9	50.98		25.49			50.98			
1010	柳十	2664		666	266.4		26.64			266.4	53.28		26.64			53.28			
1011	石毅	3453		863.25	345.3		34.53			345.3	69.06		34.53			69.06			
	合计																		

图 8-34　统计企业为其他员工缴纳的失业保险费用

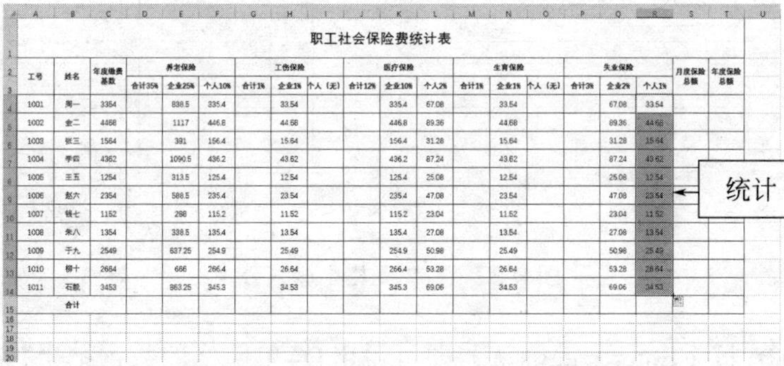
职工社会保险费统计表

工号	姓名	年度缴费基数	养老保险			工伤保险			医疗保险			生育保险			失业保险			月度保险总额	年度保险总额
			合计35%	企业25%	个人10%	合计1%	企业1%	个人（无）	合计12%	企业10%	个人2%	合计1%	企业1%	个人（无）	合计3%	企业2%	个人1%		
1001	周一	3354		838.5	335.4		33.54			335.4	67.08		33.54			67.08	33.54		
1002	金二	4468		1117	446.8		44.68			446.8	89.36		44.68			89.36	44.68		
1003	张三	1564		391	156.4		15.64			156.4	31.28		15.64			31.28	15.64		
1004	李四	4362		1090.5	436.2		43.62			436.2	87.24		43.62			87.24	43.62		
1005	王五	1254		313.5	125.4		12.54			125.4	25.08		12.54			25.08	12.54		
1006	赵六	2354		588.5	235.4		23.54			235.4	47.08		23.54			47.08	23.54		
1007	钱七	1152		288	115.2		11.52			115.2	23.04		11.52			23.04	11.52		
1008	朱八	1354		338.5	135.4		13.54			135.4	27.08		13.54			27.08	13.54		
1009	于九	2549		637.25	254.9		25.49			254.9	50.98		25.49			50.98	25.49		
1010	柳十	2664		666	266.4		26.64			266.4	53.28		26.64			53.28	26.64		
1011	石毅	3453		863.25	345.3		34.53			345.3	69.06		34.53			69.06	34.53		
	合计																		

图 8-35　统计其他员工个人应缴纳的失业保险费用

STEP 18 因为“工伤保险”与“生育保险”无需个人缴纳保险费用，所以用户可以选择I4:I14、O4:O14单元格区域，打开“设置单元格格式”对话框，设置“数值”为“两位小数点”，然后在单元格区域中输入数据0，如图8-36所示。至此，完成“职工社会保险费统计表”的制作。

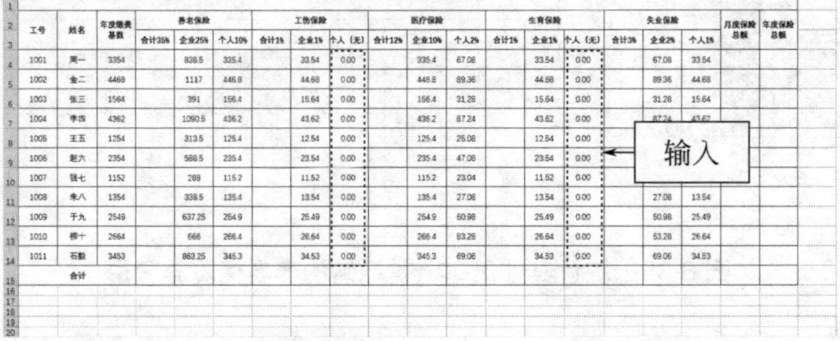
职工社会保险费统计表

工号	姓名	年度缴费基数	养老保险			工伤保险			医疗保险			生育保险			失业保险			月度保险总额	年度保险总额
			合计35%	企业25%	个人10%	合计1%	企业1%	个人（无）	合计12%	企业10%	个人2%	合计1%	企业1%	个人（无）	合计3%	企业2%	个人1%		
1001	周一	3354		838.5	335.4		33.54	0.00		335.4	67.08		33.54	0.00		67.08	33.54		
1002	金二	4468		1117	446.8		44.68	0.00		446.8	89.36		44.68	0.00		89.36	44.68		
1003	张三	1564		391	156.4		15.64	0.00		156.4	31.28		15.64	0.00		31.28	15.64		
1004	李四	4362		1090.5	436.2		43.62	0.00		436.2	87.24		43.62	0.00		87.24	43.62		
1005	王五	1254		313.5	125.4		12.54	0.00		125.4	25.08		12.54	0.00					
1006	赵六	2354		588.5	235.4		23.54	0.00		235.4	47.08		23.54	0.00					
1007	钱七	1152		288	115.2		11.52	0.00		115.2	23.04		11.52	0.00					
1008	朱八	1354		338.5	135.4		13.54	0.00		135.4	27.08		13.54	0.00		27.08	13.54		
1009	于九	2549		637.25	254.9		25.49	0.00		254.9	50.98		25.49	0.00		50.98	25.49		
1010	柳十	2664		666	266.4		26.64	0.00		266.4	53.28		26.64	0.00		53.28	26.64		
1011	石毅	3453		863.25	345.3		34.53	0.00		345.3	69.06		34.53	0.00		69.06	34.53		
	合计																		

图 8-36　在单元格区域中输入数据0

8.2.2　统计月度社会保险费用总额

企业在为员工缴纳社会保险费用时，是按月进行缴纳的。下面介绍统计月度社会保险费用总额的具体操作方法。

STEP 01　在工作表中选择D4单元格，在单元格中输入公式:=ROUND(E4+F4,2)。具体如图8-37所示。

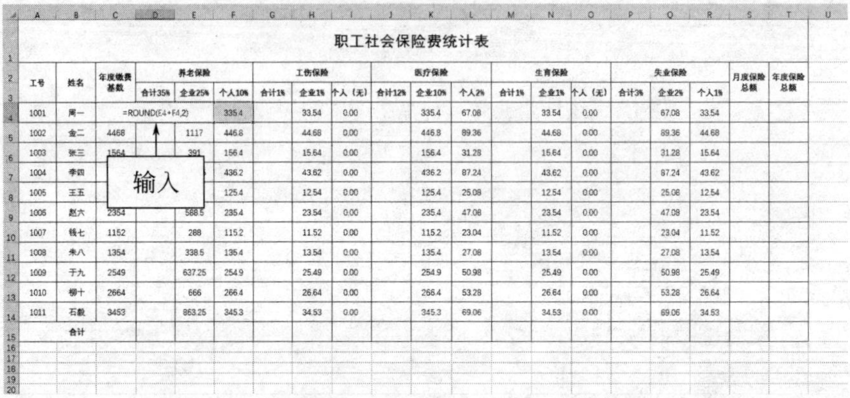

职工社会保险费统计表

工号	姓名	年度缴费基数	养老保险			工伤保险			医疗保险			生育保险			失业保险			月度保险总额	年度保险总额
			合计35%	企业25%	个人10%	合计1%	企业1%	个人（无）	合计12%	企业10%	个人2%	合计1%	企业1%	个人（无）	合计3%	企业2%	个人1%		
1001	周一		=ROUND(E4+F4,2)		335.4		33.54	0.00		335.4	67.08		33.54	0.00		67.08	33.54		
1002	金二	4468		1117	446.8		44.68	0.00		446.8	89.36		44.68	0.00		89.36	44.68		
1003	张三	1564		391	156.4		15.64	0.00		156.4	31.28		15.64	0.00		31.28	15.64		
1004	李四	[illegible]		[illegible]	436.2		43.62	0.00		436.2	87.24		43.62	0.00		87.24	43.62		
1005	王五	[illegible]		[illegible]	125.4		12.54	0.00		125.4	25.08		12.54	0.00		25.08	12.54		
1006	赵六	2354		588.5	235.4		23.54	0.00		235.4	47.08		23.54	0.00		47.08	23.54		
1007	钱七	1152		288	115.2		11.52	0.00		115.2	23.04		11.52	0.00		23.04	11.52		
1008	朱八	1354		338.5	135.4		13.54	0.00		135.4	27.08		13.54	0.00		27.08	13.54		
1009	于九	2549		637.25	254.9		25.49	0.00		254.9	50.98		25.49	0.00		50.98	25.49		
1010	柳十	2664		666	266.4		26.64	0.00		266.4	53.28		26.64	0.00		53.28	26.64		
1011	石毅	3453		863.25	345.3		34.53	0.00		345.3	69.06		34.53	0.00		69.06	34.53		
	合计																		

图8-37　在单元格中输入公式

STEP 02　按【Enter】键确认，即可得出D4单元格的数据结果为1173.9，统计出员工所需缴纳的养老保险总费用。引用上一节中的方法，统计其他员工所需缴纳的养老保险总费用，如图8-38所示。

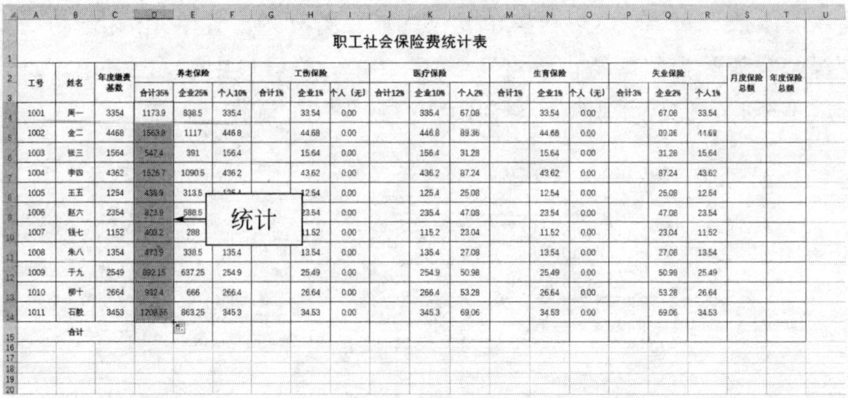

职工社会保险费统计表

工号	姓名	年度缴费基数	养老保险			工伤保险			医疗保险			生育保险			失业保险			月度保险总额	年度保险总额
			合计35%	企业25%	个人10%	合计1%	企业1%	个人（无）	合计12%	企业10%	个人2%	合计1%	企业1%	个人（无）	合计3%	企业2%	个人1%		
1001	周一	3354	1173.9	838.5	335.4		33.54	0.00		335.4	67.08		33.54	0.00		67.08	33.54		
1002	金二	4468	1563.8	1117	446.8		44.68	0.00		446.8	89.36		44.68	0.00		89.36	44.68		
1003	张三	1564	547.4	391	156.4		15.64	0.00		156.4	31.28		15.64	0.00		31.28	15.64		
1004	李四	4362	1526.7	1090.5	436.2		43.62	0.00		436.2	87.24		43.62	0.00		87.24	43.62		
1005	王五	1254	438.9	313.5	[illegible]		12.54	0.00		125.4	25.08		12.54	0.00		25.08	12.54		
1006	赵六	2354	823.9	588.5	[illegible]		23.54	0.00		235.4	47.08		23.54	0.00		47.08	23.54		
1007	钱七	1152	403.2	288	[illegible]		11.52	0.00		115.2	23.04		11.52	0.00		23.04	11.52		
1008	朱八	1354	473.9	338.5	135.4		13.54	0.00		135.4	27.08		13.54	0.00		27.08	13.54		
1009	于九	2549	892.15	637.25	254.9		25.49	0.00		254.9	50.98		25.49	0.00		50.98	25.49		
1010	柳十	2664	932.4	666	266.4		26.64	0.00		266.4	53.28		26.64	0.00		53.28	26.64		
1011	石毅	3453	1208.55	863.25	345.3		34.53	0.00		345.3	69.06		34.53	0.00		69.06	34.53		
	合计																		

图8-38　统计其他员工所需缴纳的养老保险总费用

STEP 03　保险费用总计是根据企业与员工个人缴纳的费用之和计算得出，用与上一步相同的方法，统计出员工个人与企业为其他保险种类缴纳的总费

第 8 章 社保：职工社保日常报表管理

用数据，如图 8-39 所示。

图 8-39 统计出员工个人与企业为其他保险种类缴纳的总费用数据

STEP 04 选择 D15 单元格，在单元格中输入公式 =ROUND(SUM(D4:D14),2)。按【Enter】键确认，即可在 D15 单元格中统计所有员工养老保险需要缴纳的费用总计数据为 9984.8。选中 D15 单元格，将鼠标指针移至 D15 单元格右下角，当指针呈现 ✚ 形状时，按住鼠标左键并同时向右拖曳至 R15 单元格，即可统计其他保险种类所需缴纳的费用总额，如图 8-40 所示。

图 8-40 统计其他保险种类所需缴纳的费用总额

STEP 05 选择 S4 单元格，输入公式：=SUM(D4+G4+J4+M4+P4)。按【Enter】键确认，即可在 S4 单元格中统计员工需要缴纳的月度保险费用总额。用与上一步相同的拖曳方法统计出其他员工需要缴纳保险费用的月度费用总额，如图 8-41 所示。

167

图 8-41 统计出其他员工需要缴纳保险费用的月度费用总额

8.2.3 统计年度社会保险费用总额

8.2.2节统计了月度社会保险费用的总额，而年度社会保险费用总额就是在月度社会保险费用的总额基础上进行统计的。下面介绍统计年度社会保险费用总额的具体操作方法。

STEP 01 选择T4单元格，输入公式:=SUM(S4*12)。按【Enter】键确认，即可在T4单元格中统计员工年度社会保险的费用总额。引用上一节中的方法，统计其他员工年度社会保险费用总额的数据结果，如图8-42所示。

图 8-42 统计其他员工年度社会保险的费用总额

STEP 02 按住【Ctrl】键的同时选择C4:T14、D15:T15单元格区域，设置"字体"为Times New Roman，效果如图8-43所示。至此，完成"职工社会保险费用统计表"的制作。

职工社会保险费统计表

工号	姓名	年度缴费基数	养老保险			工伤保险			医疗保险			生育保险			失业保险			月度保险总额	年度保险总额
			合计35%	企业25%	个人10%	合计1%	企业1%	个人(无)	合计12%	企业10%	个人2%	合计1%	企业1%	个人(无)	合计3%	企业2%	个人1%		
1001	周一	3354	1173.9	838.5	335.4	33.54	33.54	0.00	402.48	335.4	67.08	33.54	33.54	0.00	100.62	67.08	33.54	1744.08	20928.96
1002	金二	4468	1563.8	1117	446.8	44.68	44.68	0.00	536.16	446.8	89.36	44.68	44.68	0.00	134.04	89.36	44.68	2323.36	27880.32
1003	张三	1564	547.4	391	156.4	15.64	15.64	0.00	187.68	156.4	31.28	15.64	15.64	0.00	46.92	31.28	15.64	813.28	9759.36
1004	李四	4362	1526.7	1090.5	436.2	43.62	43.62	0.00	523.44	436.2	87.24	43.62	43.62	0.00	130.86	87.24	43.62	2268.24	27218.88
1005	王五	1254	438.9	313.5	125.4	12.54	12.54	0.00	150.48	125.4	25.08	12.54	12.54	0.00	37.62	25.08	12.54	652.08	7824.96
1006	赵六	2354	823.9	588.5	235.4	23.54	23.54	0.00	282.48	235.4	47.08	23.54	23.54	0.00	70.62	47.08	23.54	1224.08	14689.96
1007	钱七	1152	403.2	288	115.2	11.52	11.52	0.00	138.24	115.2	23.04	11.52	11.52	0.00	34.56	23.04	11.52	599.04	7188.48
1008	朱八	1354	473.9	338.5	135.4	13.54	13.54	0.00	162.48	135.4	27.08	13.54	13.54	0.00	40.62	27.08	13.54	704.08	8448.96
1009	于九	2549	892.15	637.25	254.9	25.49	25.49	0.00	305.88	254.9	50.98	25.49	25.49	0.00	76.47	50.98	25.49	1325.48	15905.76
1010	柳十	2664	932.4	666	266.4	26.64	26.64	0.00	319.68	266.4	53.28	26.64	26.64	0.00	79.92	53.28	26.64	1385.28	16623.36
1011	石娜	3453	1208.55	863.25	345.3	34.53	34.53	0.00	414.36	345.3	69.06	34.53	34.53	0.00	103.59	69.06	34.53	1795.56	21546.72
	合计		9984.8	7132	2852.8	285.28	285.28	0	3423.36	2852.8	570.56	285.28	285.28	0	855.84	570.56	285.28	14834.56	178014.72

图 8-43　设置字体格式效果

8.3　员工购房：制作住房公积金月度报表

"住房公积金月度报表"是记录每一位员工每月住房公积金的缴费情况的表格。根据《住房公积金管理条例》，住房公积金的个人缴费比例与企业缴费比例1∶1。住房公积金主要用于员工购房或公积金贷款，员工退休后可以将住房公积金提取出来。

本实例主要介绍"住房公积金月度报表"的制作流程和具体方法。

效果欣赏

"住房公积金月度报表"的最终效果如图 8-44 所示。

住房公积金月度报表								
序号	工号	部门	姓名	性别	身份证号码	缴费基数	个人缴存额	企业缴存额
1	1001	销售部	周一	女	43XXXXXXXXXXXXXX60	3350	703.5	703.5
2	1002	市场部	金二	男	43XXXXXXXXXXXXXX61	4460	936.6	936.6
3	1003	市场部	张三	男	43XXXXXXXXXXXXXX63	1560	327.6	327.6
4	1004	行政部	李四	女	43XXXXXXXXXXXXXX62	4360	915.6	915.6
5	1005	后勤部	王五	男	43XXXXXXXXXXXXXX65	1250	262.5	262.5
6	1006	销售部	赵六	女	43XXXXXXXXXXXXXX64	2350	493.5	493.5
7	1007	管理部	钱七	男	43XXXXXXXXXXXXXX67	1150	241.5	241.5
8	1008	销售部	朱八	女	43XXXXXXXXXXXXXX69	1350	283.5	283.5
9	1009	销售部	于九	男	43XXXXXXXXXXXXXX66	2550	535.5	535.5
10	1010	市场部	柳十	女	43XXXXXXXXXXXXXX68	2660	558.6	558.6
					总计		5258.4	5258.4

图 8-44　住房公积金月度报表

> **技术点睛**

1. 运用Excel的ROUNDUP函数，统计员工个人和企业缴纳住房公积金的金额数据。

2. 运用Excel的SUM函数，分别统计员工个人和企业缴纳的金额。

3. 运用Excel的数据透视表功能，展示企业为员工与员工个人所缴纳的住房公积金的金额。

8.3.1 创建住房公积金月度报表

"住房公积金月度报表"主要包含了工号、部门、姓名、性别、身份证号码、缴费基数、个人缴存款以及企业缴存款等内容，下面介绍创建"住房公积金月度报表"的具体操作方法。

STEP 01 新建一个名为"住房公积金月度报表"的工作表，在工作表中输入相应的内容，并设置工作表的行高与列宽，效果如图8-45所示。

STEP 02 在工作表中设置对齐方式、字体格式等，并为表格添加"所有框线"，效果如图8-46所示。

图8-45 在工作表中输入相应的信息　　图8-46 为表格添加框线后的效果

8.3.2 统计住房公积金月度数据

为了保证每一位员工的缴款数据的准确性，用户可以通过Excel的函数来统计住房公积金的缴纳数据。下面介绍统计住房公积金月度数据的具体操作方法。

STEP 01 选择H3单元格，在单元格中输入公式:=ROUNDUP(G3*21%,2)。具体如图8-47所示。

> **STEP 02** 按【Enter】键确认，即可得出H3单元格数据结果，统计员工个人住房公积金缴存额的数据，如图8-48所示。

图 8-47 输入公式　　　　　　　　　图 8-48 统计员工个人住房公积金缴存额的数据

> **STEP 03** 选中H3单元格，将鼠标指针移至H3单元格右下角，当指针呈现╋形状时，按住鼠标左键并向下拖曳至H12单元格，即可统计出其他员工的住房公积金个人缴存额，如图8-49所示。

> **STEP 04** 因个人与企业所缴纳的金额比例是一致的，所以可以用上述公式在I3:I12单元格区域中统计出企业所应缴纳的金额，如图8-50所示。

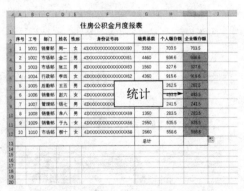

图 8-49 统计其他员工应缴纳的金额　　　图 8-50 统计企业应缴纳的金额

> **STEP 05** 选择H13单元格，在单元格中输入公式=SUM(H3:H12)。具体如图8-51所示。

> **STEP 06** 按【Enter】键确认，可得出H13单元格数据结果，即个人的缴存额总费用。用拖曳的方法统计企业缴存额的总费用，如图8-52所示。

图 8-51　在单元格中输入公式　　　　图 8-52　统计企业缴存额的总费用

> **专家提醒**
>
> 人力资源部门在制作"住房公积金月度报表"的时候,要核实员工的住房公积金的状况,保证所有数据的正确性。

8.3.3　用数据透视表分析数据信息

不同职位的员工所缴纳的住房公积金的金额是不一样的。下面介绍用数据透视表展示住房公积金数据的具体操作方法。

➡ **STEP 01**　选择K2单元格,在"插入"面板的"表格"选项板中,单击"数据透视表"按钮,如图8-53所示。

➡ **STEP 02**　弹出"创建数据透视表"对话框,❶选中"选择一个表/区域"单选按钮;❷在"表/区域"的文本框中输入"住房公积金月度报表!$A$2:$I$13";❸最后选中"现有工作表"单选按钮,如图8-54所示。

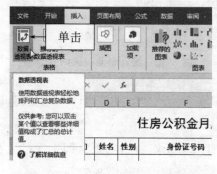　

图 8-53　单击"数据透视表"按钮　　　　图 8-54　选中"现有工作表"单选按钮

STEP 03 单击“确定”按钮，即可在工作表中生成空白的数据透视表并弹出“数据透视表字段”列表，在其中依次选中“部门”“姓名”“个人缴存额”以及“企业缴存额”复选框，如图8-55所示。

STEP 04 单击“数据透视表字段”面板右上角的“关闭”按钮×，关闭“数据透视表字段”列表，即可在数据透视表中显示员工住房公积金的相关数据，效果如图8-56所示。至此，完成“住房公积金月度报表”的制作。

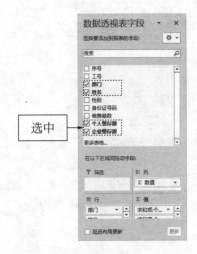

图8-55　依次选中相应的复选框

行标签	求和项:个人缴存额	求和项:企业缴存额
⊟管理部	**241.5**	**241.5**
钱七	241.5	241.5
⊟行政部	**915.6**	**915.6**
李四	915.6	915.6
⊟后勤部	**262.5**	**262.5**
王五	262.5	262.5
⊟市场部	**1822.8**	**1822.8**
金二	936.6	936.6
柳十	558.6	558.6
张三	327.6	327.6
⊟销售部	**2016**	**2016**
于九	535.5	535.5
赵六	493.5	493.5
周一	703.5	703.5
朱八	283.5	283.5
⊟(空白)	**5258.4**	**5258.4**
(空白)	5258.4	5258.4
总计	**10516.8**	**10516.8**

图8-56　显示员工住房公积金的相关数据

8.4　退休安排：制作职工退休到龄提醒表

“职工退休到龄提醒表”用于记录员工的基本信息，统计员工的退休状况，以便人力资源部门在员工临近退休之际及时进行相应的安排。例如，及时安排其他员工补上退休人员的岗位，以免岗位工作衔接不上的情况发生。本实例是以男性的退休年龄为65岁，女性退休年龄为55岁进行讲解的，如果国家有新政策出台，读者可以根据新政策按以下方法进行操作。

本实例主要介绍“职工退休到龄提醒表”的制作流程和具体方法。

效果欣赏

“职工退休到龄提醒表”的最终效果如图8-57所示。

职工退休到龄提醒表												
序号	工号	部门	姓名	性别	出生年月	学历	职称	职务	联系电话	现居住地	退休时间	退休提醒
1	1001	销售部	周一	女	1973/5/1	本科	高级	总监	13XXXXXXXX1	湖南省长沙市	2028/5/1	离退休还有2734天
2	1002	市场部	金二	男	1988/10/10	本科	高级	经理	13XXXXXXXX2	湖南省长沙市	2043/10/10	离退休还有8374天
3	1003	市场部	张三	男	1995/5/4	大专	初级	助理	13XXXXXXXX3	湖南省长沙市	2050/5/4	离退休还有10772天
4	1004	行政部	李四	女	1990/1/2	硕士	高级	总监	13XXXXXXXX4	湖南省长沙市	2045/1/2	离退休还有8824天
5	1005	后勤部	王五	男	1999/11/2	大专	中级	主管	13XXXXXXXX5	湖南省长沙市	2054/11/2	离退休还有12415天
6	1006	销售部	赵六	女	1989/4/23	硕士	高级	经理	13XXXXXXXX6	湖南省长沙市	2044/4/23	离退休还有8570天
7	1007	管理部	钱七	男	1994/7/10	硕士	高级	经理	13XXXXXXXX7	湖南省长沙市	2049/7/10	离退休还有10474天
8	1008	销售部	朱八	男	1993/2/10	本科	中级	主管	13XXXXXXXX8	湖南省长沙市	2048/2/10	离退休还有9958天
9	1009	销售部	于九	女	1998/4/5	本科	初级	专员	13XXXXXXXX9	湖南省长沙市	2053/4/5	离退休还有11839天
10	1010	市场部	柳十	女	2000/8/6	大专	初级	专员	13XXXXXXXX0	湖南省长沙市	2055/8/6	离退休还有12692天

图 8-57　职工退休到龄提醒表

技术点睛

1. 设置工作表的行高与列宽，对单元格中的数据进行“合并后居中”操作。
2. 运用Excel的DATE函数，统计员工的退休时间。
3. 运用Excel的TEXT函数，统计员工的退休天数。

8.4.1 创建职工退休到龄提醒表

人力资源部门应根据员工的信息创建“职工退休到龄提醒表”。“职工退休到龄提醒表”中一般包含职工的工号、部门、姓名、性别、出生年月、学历、职称、职务、联系电话、现居住地、退休时间以及退休提醒等数据。下面介绍创建“职工退休到龄提醒表”的具体操作方法。

STEP 01 新建一个名为“职工退休到龄提醒表”的工作表，在工作表中输入相应的内容，并设置工作表的行高与列宽，效果如图8-58所示。

	A	B	C	D	E	F	G	H	I	J	K	L	M
1	职工退休到龄提醒表												
2	序号	工号	部门	姓名	性别	出生年月	学历	职称	职务	联系电话	现居住地	退休时间	退休提醒
3	1	1001	销售部	周一	女	1973/5/1	本科	高级	总监	13XXXXXXXX1	湖南省长沙市		
4	2	1002	市场部	金二	男	1988/10/10	本科	高级	经理	13XXXXXXXX2	湖南省长沙市		
5	3	1003	市场部	张三	男	1995/5/4	大专	初级	助理	13XXXXXXXX3	湖南省长沙市		
6	4	1004	行政部	李四	女	1990/1/2	硕士	高级	总监	13XXXXXXXX4	湖南省长沙市		
7	5	1005	后勤部	王五	男	1999/11/2	大专	中级	主管	13XXXXXXXX5	湖南省长沙市		
8	6	1006	销售部	赵六	女	1989/4/23	硕士	高级	经理	13XXXXXXXX6	湖南省长沙市		
9	7	1007	管理部	钱七	男	1994/7/10	硕士	高级	经理	13XXXXXXXX7	湖南省长沙市		
10	8	1008	销售部	朱八	男	1993/2/10	本科	中级	主管	13XXXXXXXX8	湖南省长沙市		
11	9	1009	销售部	于九	女	1998/4/5	本科	初级	专员	13XXXXXXXX9	湖南省长沙市		
12	10	1010	市场部	柳十	女	2000/8/6	大专	初级	专员	13XXXXXXXX0	湖南省长沙市		

输入

图 8-58　输入内容并设置行高与列宽

⇨ **STEP 02** 在工作表中设置对齐方式、字体格式等，并为表格添加"所有框线"，效果如图 8-59 所示。

序号	工号	部门	姓名	性别	出生年月	学历	职称	职务	联系电话	现居住址	退休时间	退休提醒
1	1001	销售部	周一	女	1973/5/1	本科	高级	总监	13XXXXXXX1	湖南省长沙市		
2	1002	市场部	金二	男	1988/10/10	本科	高级	经理	13XXXXXXX2	湖南省长沙市		
3	1003	市场部	张三	男	1995/5/4	大专	初级	助理	13XXXXXXX3	湖南省长沙市		
4	1004	行政部	李四	女	1990/1/2	硕士	高级	总监	13XXXXXXX4	湖南省长沙市		
5	1005	后勤部	王五	男	1999/11/2	大专	中级	主管	13XXXXXXX5	湖南省长沙市		
6	1006	销售部	赵六	女	1989/4/23	硕士	高级	经理	13XXXXXXX6	湖南省长沙市		
7	1007	管理部	钱七	男	1994/7/10	硕士	高级	经理	13XXXXXXX7	湖南省长沙市		
8	1008	销售部	朱八	男	1993/2/10	本科	中级	主管	13XXXXXXX8	湖南省长沙市		
9	1009	销售部	于九	男	1998/4/5	本科	初级	专员	13XXXXXXX9	湖南省长沙市		
10	1010	市场部	柳十	女	2000/8/6	大专	初级	专员	13XXXXXXX0	湖南省长沙市		

图 8-59 设置表格格式后的效果

> **专家提醒**
>
> 人力资源部门在制作"职工退休到龄提醒表"时，必须核实员工的出生年月与性别信息，这样才能精确地统计出职工的退休年龄。在某员工临近退休年龄时，人力资源部门应根据这个表格及时处理相关事宜。

8.4.2 用函数计算员工的退休时间

人力资源部门在计算整个企业的员工退休时间时，除了要区分男、女员工的退休年限外，还要保证计算结果的准确性。因此，人力资源部门可以通过 Excel 的函数来计算员工的退休时间。下面介绍用函数计算员工的退休时间的具体操作方法。

⇨ **STEP 01** 选择 L3 单元格，在单元格中输入公式:=DATE(YEAR(F3)+IF(G3="男",60,55),MONTH(F3),DAY(F3))。具体如图 8-60 所示。

⇨ **STEP 02** 按【Enter】键确认，即可得出 L3 单元格数据结果，统计员工的退休时间，如图 8-61 所示。

⇨ **STEP 03** 选择 L3 单元格，将鼠标指针移至 L3 单元格右下角，当鼠标指针呈现┿形状时，按住鼠标左键的同时向下拖曳至 L12 单元格，即可统计其他员工的退休时间数据，效果如图 8-62 所示。

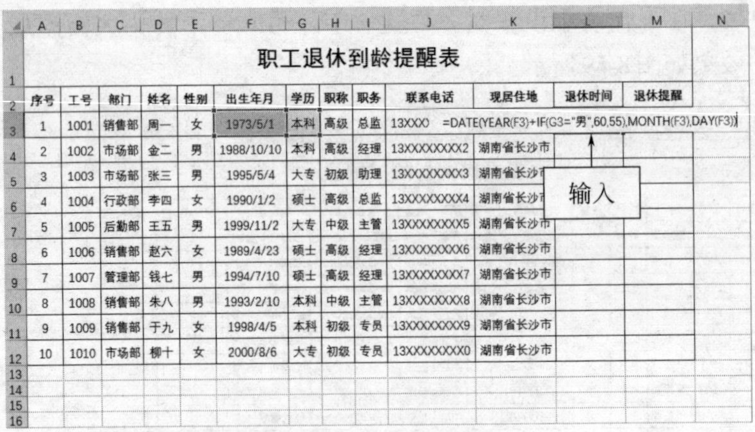

职工退休到龄提醒表

序号	工号	部门	姓名	性别	出生年月	学历	职称	职务	联系电话	现居住地	退休时间	退休提醒
1	1001	销售部	周一	女	1973/5/1	本科	高级	总监	13XXXX		=DATE(YEAR(F3)+IF(G3="男",60,55),MONTH(F3),DAY(F3))	
2	1002	市场部	金二	男	1988/10/10	本科	高级	经理	13XXXXXXXX2	湖南省长沙市		
3	1003	市场部	张三	男	1995/5/4	大专	初级	助理	13XXXXXXXX3	湖南省长沙市		
4	1004	行政部	李四	女	1990/1/2	硕士	高级	总监	13XXXXXXXX4	湖南省长沙市		
5	1005	后勤部	王五	男	1999/11/2	大专	中级	主管	13XXXXXXXX5	湖南省长沙市		
6	1006	销售部	赵六	女	1989/4/23	硕士	高级	经理	13XXXXXXXX6	湖南省长沙市		
7	1007	管理部	钱七	男	1994/7/10	硕士	高级	经理	13XXXXXXXX7	湖南省长沙市		
8	1008	销售部	朱八	男	1993/2/10	本科	中级	主管	13XXXXXXXX8	湖南省长沙市		
9	1009	销售部	于九	女	1998/4/5	本科	初级	专员	13XXXXXXXX9	湖南省长沙市		
10	1010	市场部	柳十	女	2000/8/6	大专	初级	专员	13XXXXXXXX0	湖南省长沙市		

图 8-60　在单元格中输入公式

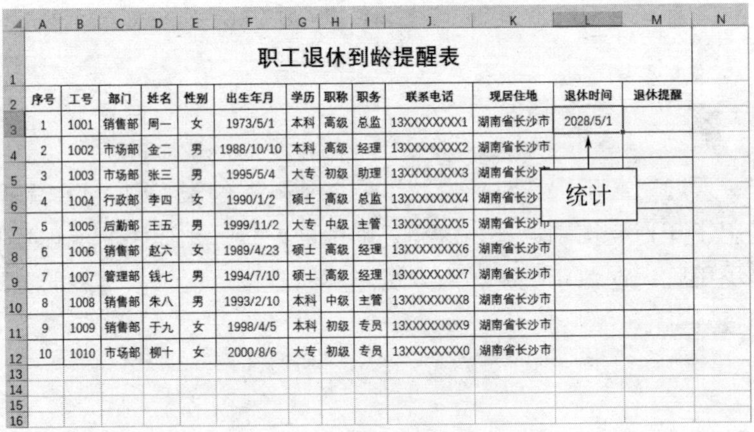

职工退休到龄提醒表

序号	工号	部门	姓名	性别	出生年月	学历	职称	职务	联系电话	现居住地	退休时间	退休提醒
1	1001	销售部	周一	女	1973/5/1	本科	高级	总监	13XXXXXXXX1	湖南省长沙市	2028/5/1	
2	1002	市场部	金二	男	1988/10/10	本科	高级	经理	13XXXXXXXX2	湖南省长沙市		
3	1003	市场部	张三	男	1995/5/4	大专	初级	助理	13XXXXXXXX3	湖南省长沙市		
4	1004	行政部	李四	女	1990/1/2	硕士	高级	总监	13XXXXXXXX4	湖南省长沙市		
5	1005	后勤部	王五	男	1999/11/2	大专	中级	主管	13XXXXXXXX5	湖南省长沙市		
6	1006	销售部	赵六	女	1989/4/23	硕士	高级	经理	13XXXXXXXX6	湖南省长沙市		
7	1007	管理部	钱七	男	1994/7/10	硕士	高级	经理	13XXXXXXXX7	湖南省长沙市		
8	1008	销售部	朱八	男	1993/2/10	本科	中级	主管	13XXXXXXXX8	湖南省长沙市		
9	1009	销售部	于九	女	1998/4/5	本科	初级	专员	13XXXXXXXX9	湖南省长沙市		
10	1010	市场部	柳十	女	2000/8/6	大专	初级	专员	13XXXXXXXX0	湖南省长沙市		

图 8-61　统计员工的退休时间

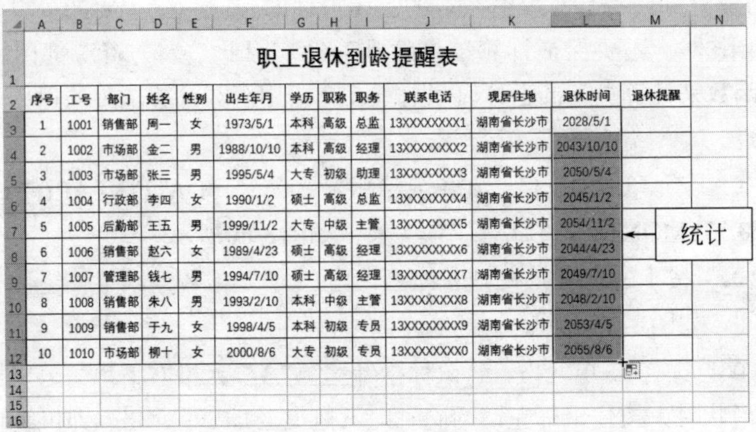

职工退休到龄提醒表

序号	工号	部门	姓名	性别	出生年月	学历	职称	职务	联系电话	现居住地	退休时间	退休提醒
1	1001	销售部	周一	女	1973/5/1	本科	高级	总监	13XXXXXXXX1	湖南省长沙市	2028/5/1	
2	1002	市场部	金二	男	1988/10/10	本科	高级	经理	13XXXXXXXX2	湖南省长沙市	2043/10/10	
3	1003	市场部	张三	男	1995/5/4	大专	初级	助理	13XXXXXXXX3	湖南省长沙市	2050/5/4	
4	1004	行政部	李四	女	1990/1/2	硕士	高级	总监	13XXXXXXXX4	湖南省长沙市	2045/1/2	
5	1005	后勤部	王五	男	1999/11/2	大专	中级	主管	13XXXXXXXX5	湖南省长沙市	2054/11/2	
6	1006	销售部	赵六	女	1989/4/23	硕士	高级	经理	13XXXXXXXX6	湖南省长沙市	2044/4/23	
7	1007	管理部	钱七	男	1994/7/10	硕士	高级	经理	13XXXXXXXX7	湖南省长沙市	2049/7/10	
8	1008	销售部	朱八	男	1993/2/10	本科	中级	主管	13XXXXXXXX8	湖南省长沙市	2048/2/10	
9	1009	销售部	于九	女	1998/4/5	本科	初级	专员	13XXXXXXXX9	湖南省长沙市	2053/4/5	
10	1010	市场部	柳十	女	2000/8/6	大专	初级	专员	13XXXXXXXX0	湖南省长沙市	2055/8/6	

图 8-62　统计其他员工的退休时间数据

> **专家提醒**
>
> 在统计员工的退休时间时还可以运用其他函数。例如，在L3单元格输入公式:=YEAR(F3)+IF(E3="女",55,60)&"年"&MONTH(F3)&"月"&DAY(F3)&"日"。按【Enter】键确认，即可在L3单元格中得到数据结果为"2028/5/1"。在L4单元格中输入公式:=YEAR(F4)+IF(E4="男",60,55)&"年"&MONTH(F4)&"月"&DAY(F4)&"日"。按【Enter】键确认，即可在L4单元格中得出数据结果"2043/10/10"。

8.4.3 设置员工退休提醒

上一节已经统计了员工的退休时间，接下来可以通过退休时间计算出员工的退休天数并设置员工退休提醒。下面介绍设置员工退休提醒的具体操作方法。

STEP 01 选择M3单元格，在单元格中输入公式:=TEXT(L3-TODAY(),"离退休还有0天;;;")。具体如图8-63所示。

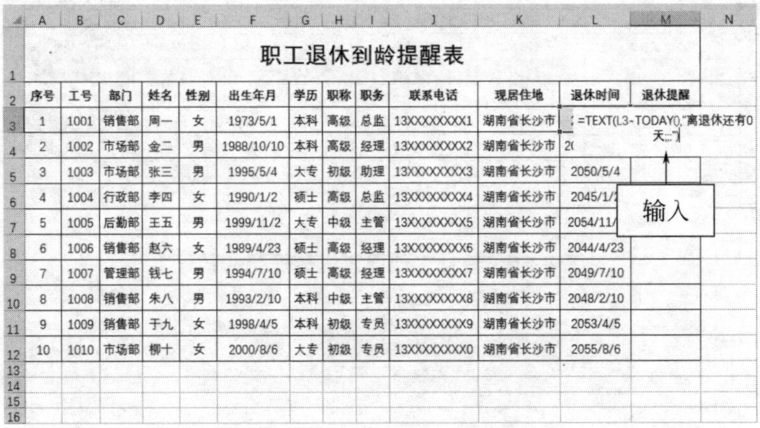

图 8-63　在单元格中输入公式

STEP 02 按【Enter】键确认，即可在M3单元格中统计员工的退休提醒数据，如图8-64所示。

STEP 03 选择M3单元格，将鼠标指针移至M3单元格右下角，当指针呈现 ✚ 形状时，按住鼠标左键并向下拖曳至M12单元格，即可统计其他员工退休提醒的数据，效果如图8-65所示。

图 8-64 统计员工的退休提醒数据

图 8-65 统计其他员工退休提醒的数据

第9章

考勤：
统计分析员工考勤数据

员工的考勤管理是指人力资源部门对员工各方面的考勤数据进行管理的活动。例如，通过员工上班签到表、员工加班汇总表以及员工休假汇总表等表格内容，统计分析员工的考勤情况。本章主要提供了用于员工考勤管理的相关表格，并详细介绍了应用Excel设计考勤相关表格的方法及技巧。

第9章8个演示视频
请 扫 码 观 看

9.1 出勤情况：制作员工上班签到表

"员工上班签到表"是企业为了保证员工的出勤率而制定的上班出勤情况统计表，上下班签到也是员工在企业工作一天的证明。"员工上班签到表"是与员工的工资相关联的，根据企业的考勤制度，人力资源部门会对员工的出勤情况做出相应的处罚或奖励。

本实例主要介绍"员工上班签到表"的制作流程和具体方法。

效果欣赏

"员工上班签到表"的最终效果如图9-1所示。

员工上班签到表						
日期	2020年11月5日		星期四			
序号	部门	姓名	上班签到时间	下班签到时间	上班考勤情况	下班考勤情况	备注
1	业务部	周一	7:54	17:30			
2	业务部	金二	8:10	17:32			
3	业务部	张三		17:33	未签到		
4	业务部	李四	8:20	17:35			
5	财务部	王五	8:29	17:29		早退	
6	财务部	赵六	8:31	17:29	迟到	早退	
7	财务部	钱七	8:12	17:31			
8	财务部	朱八	8:22	17:37			
9	行政部	于九	8:25	17:55			
10	行政部	柳十	9:00	17:38	迟到		
11	行政部	吴清	8:30			未签到	
12	行政部	牛霞	8:28	17:40			
13	设计部	张璐	8:23	17:30			
14	设计部	方午	8:15	17:36			
15	设计部	马力	8:17	17:25		早退	

图 9-1　员工上班签到表

技术点睛

1. 运用Excel的TODAY与WEEKDAY函数，设置工作表的日期。
2. 运用Excel的IF函数，统计员工的迟到、早退和未签到情况。
3. 运用Excel的条件格式功能，显示工作表中迟到、早退的信息。

9.1.1　创建员工上班签到表

"员工上班签到表"主要包含的信息有员工所在部门、姓名、上班签到时间、下班签到时间、上班考勤情况以及下班考勤情况等。下面介绍创建该表的操作方法。

STEP 01 新建一个名为"员工上班签到表"的工作表，在工作表中输入相关信息，并设置工作表的行高与列宽，效果如图9-2所示。

STEP 02 在工作表中设置对齐方式、字体格式等，并为表格添加"所有框线"，效果如图9-3所示。

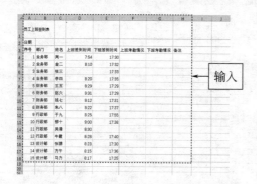
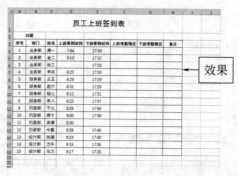

图9-2 在工作表中输入相关的信息　　　　图9-3 设置表格格式后的效果

专家提醒

"员工上班签到表"必须由员工本人按实际情况填写，人力资源部门负责监督并按部门统计员工每天的签到情况，最后将统计的结果作为计算薪酬的依据。

STEP 03 选择C2单元格，在单元格中输入公式:=TODAY()。具体如图9-4所示。

STEP 04 按【Enter】键确认，在C2单元格中计算出当天的日期，如图9-5所示。

图9-4 在单元格中输入公式1　　　　图9-5 在C2单元格中计算出当天的日期

- STEP 05 选择C2:D2单元格,打开"设置单元格格式"对话框,在"数字"选项卡下设置"日期"的"类型"为"*2012年3月14日",如图9-6所示。
- STEP 06 单击"确定"按钮,即可设置日期格式,效果如图9-7所示。

图 9-6 设置日期类型　　　　　　　　图 9-7 设置日期格式后的效果

- STEP 07 选择E2单元格,在单元格中输入公式:=WEEKDAY(C2,1)。具体如图9-8所示。
- STEP 08 按【Enter】键确认,即可在E2单元格中得出数据结果为5,如图9-9所示。

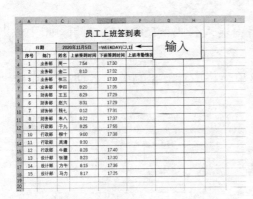

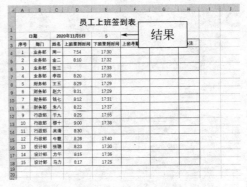

图 9-8 在单元格中输入公式2　　　　图 9-9 得出 E2 单元格的数据结果

- STEP 09 选择E2单元格,打开"设置单元格格式"对话框,在"数字"选项卡的"自定义"的"类型"下方的文本框中输入aaaa,如图9-10所示。
- STEP 10 单击"确定"按钮,即可设置星期的格式,效果如图9-11所示。

第9章 考勤：统计分析员工考勤数据

图 9-10 在文本框中输入相应内容

图 9-11 设置格式后的效果

> **专家提醒**
>
> 在E2单元格中输入公式:=IF(WEEKDAY(C2,1)=7,"日",WEEKDAY(C2,1))。按【Enter】键，即可在E2单元格中得出数据结果4，然后再用上述方法，也可设置星期的格式。

9.1.2 统计出员工迟到早退数据

本实例是根据上班时间8:30、下班时间17:30的标准，对员工的迟到和早退数据进行统计分析的。下面介绍统计员工迟到和早退数据的具体操作方法。

STEP 01 选择F4单元格，输入公式:=IF(D4="","未签到",IF(D4>TIME(8,30,0),"迟到"," "))。具体如图9-12所示。

STEP 02 按【Enter】键确认，即可在F4单元格中得出数据结果，显示员工上班的考勤情况（显示为空则表示无异常情况），如图9-13所示。

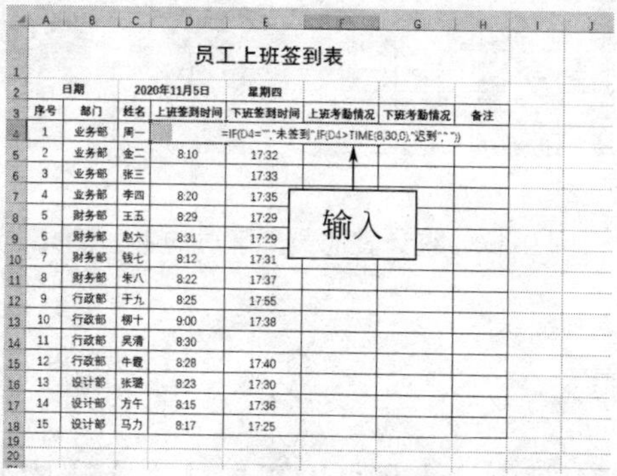

图 9-12 输入公式（1）

图 9-13 显示员工上班的考勤情况

183

➡ STEP 03 选中F4单元格，将鼠标指针移至F4单元格右下角，当指针呈现╋形状时，按住鼠标左键并向下拖曳至F18单元格，即可统计其他员工上班的考勤情况，效果如图9-14所示。

➡ STEP 04 选择G4单元格，输入公式:=IF(E4="","未签到",IF(E4<TIME(17,30,0),"早退"," "))。具体如图9-15所示。

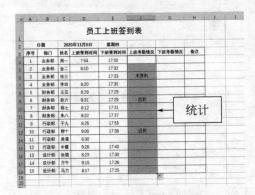

图 9-14 统计其他员工上班的考勤情况　　　图 9-15 输入公式（2）

➡ STEP 05 按【Enter】键确认，即可得出G4单元格的数据结果，显示员工下班的考勤情况（显示为空则表示无异常情况），如图9-16所示。

➡ STEP 06 用与上同样的方法，统计其他员工下班的考勤情况，效果如图9-17所示。

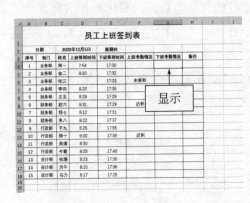 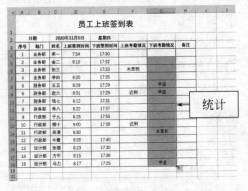

图 9-16 显示员工下班的考勤情况　　　图 9-17 统计其他员工下班的考勤情况

9.1.3 高亮显示员工迟到早退信息

为了便于管理人员查看员工的签到情况，制表人员可以高亮显示员工迟到和早退的信息。下面介绍高亮显示员工迟到和早退信息的具体操作方法。

⇨ STEP 01 选择F4:G18单元格区域，在"开始"面板的"样式"选项板中，单击"条件格式"按钮，如图9-18所示。

⇨ STEP 02 在弹出的列表框中选择"新建规则"选项，如图9-19所示。

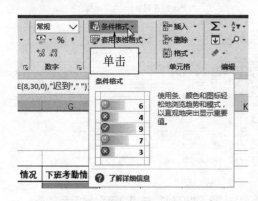

图9-18　单击"条件格式"按钮

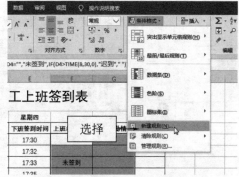

图9-19　选择"新建规则"选项

⇨ STEP 03 在弹出的"新建格式规则"对话框中，❶选择"选择规则类型"列表框中的"只为包含以下内容的单元格设置格式"选项；❷在下方设置相应的选项，如图9-20所示。

⇨ STEP 04 单击"预览"右侧的"格式"按钮，如图9-21所示。

图9-20　设置相应的选项

图9-21　单击"格式"按钮

⇨ STEP 05 弹出"设置单元格格式"对话框，❶单击"颜色"下拉按钮；❷在弹出的颜色面板中单击"红色"色块，如图9-22所示。

⇨ STEP 06 单击"确定"按钮，返回"新建格式规则"对话框，单击"确定"

按钮，此时，工作表中员工"迟到"与"早退"的情况将显示为红色（颜色可参照计算机屏幕，下同），效果如图9-23所示。至此，完成"员工上班签到表"的制作。

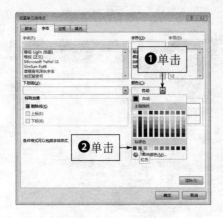

图 9-22　设置字体颜色　　　　图 9-23　"迟到"与"早退"显示为红色

> **专家提醒**
>
> 选择F4:G18单元格区域，单击"条件格式"按钮，在弹出的列表框中选择"突出显示单元格规则"，点击"文本包含"选项；在弹出"文本中包含"对话框中，在文本框中输入"迟到"并设置为红色文本，单击"确定"按钮，也可将工作表中的"迟到"设置为红色。用上述方法还可以将"早退"设置为红色。

9.2　加班统计：制作员工加班汇总表

"员工加班汇总表"主要用于统计员工的加班时间，以方便人力资源部门在对员工的加班时间进行统计时，可以准确计算员工的加班工资。

本实例主要介绍"员工加班汇总表"的制作流程和具体方法。

效果欣赏

"员工加班汇总表"的最终效果如图9-24所示。

员工加班汇总表

加班日期	开始时间	结束时间	加班时间	加班工时	加班人员	加班人员	工时小计
11月7日	8:30	17:30	9:00	9	周一	周一	12
11月8日	18:00	21:30	3:30	4	金二	金二	8
11月9日	18:30	22:30	4:00	4	金二	张三	6
11月9日	18:30	22:00	3:30	4	张三	李四	7
11月10日	19:00	21:30	2:30	3	李四	王五	2
11月11日	18:30	20:00	1:30	2	王五	赵六	9
11月12日	19:00	21:30	2:30	3	周一		
11月13日	19:00	20:30	1:30	2	张三		
11月14日	18:00	22:00	4:00	4	李四		
11月15日	8:30	17:30	9:00	9	赵六		

图 9-24 员工加班汇总表

> **技术点睛**
>
> 1. 运用 Excel 的 ROUND 函数，统计员工的加班工时数据。
> 2. 运用 Excel 的"高级筛选"功能，筛选不重复的人员数据。
> 3. 运用 Excel 的 SUMIF 函数，统计员工加班的总工时数据。

9.2.1 创建员工加班汇总表

"员工加班汇总表"主要包含了员工加班的加班日期、开始时间、结束时间、实际加班时间、加班工时以及加班人员等内容。人力资源部门在制作"员工加班汇总表"时要规范表格中的单元格格式。下面介绍创建"员工加班汇总表"的具体操作方法。

STEP 01 新建一个名为"员工加班汇总表"的工作表，在表中输入相关的内容，如图9-25所示。

STEP 02 在工作表中，设置相关单元格的行高与列宽，效果如图9-26所示。

图 9-25 在表中输入相关的内容

图 9-26 设置行高与列宽

> **STEP 03** 设置相关单元格的对齐方式，并为表格添加"所有框线"，表格效果如图9-27所示。

> **STEP 04** 选择A1:H1单元格区域，设置"字体"为"黑体"，"字号"为20，效果如图9-28所示。

图 9-27　设置表格格式后的效果　　　　图 9-28　设置字体格式

专家提醒

"员工加班汇总表"是人力资源部门用来统计员工加班时间的表格。人力资源部门按照员工每月加班的工时来计算员工的加班工资。

9.2.2　汇总员工加班数据

用户可以运用Excel的SUM函数统计员工加班的时间，运用ROUND函数统计员工的加班工时等。下面介绍汇总员工加班数据的具体操作方法。

> **STEP 01** 选择D3单元格，在单元格中输入公式:=SUM(C3-B3)。具体如图9-29所示。

> **STEP 02** 按【Enter】键确认，即可在D3单元格中统计员工的加班时间，如图9-30所示。

> **STEP 03** 选择D3单元格，将鼠标指针移至D3单元格右下角，当指针呈现 ✚ 形状时，按住鼠标左键并向下拖曳至D12单元格，即可统计其他员工的实际加班时间。具体如图9-31所示。

> **STEP 04** 选择E3单元格，输入公式:=ROUND(TEXT(D3," [h].mmss")+0.2, 0)。具体如图9-32所示。

第9章 考勤：统计分析员工考勤数据

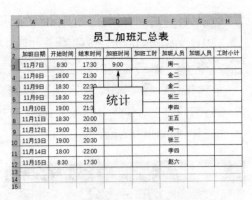

图 9-29 输入公式（1）　　　　图 9-30 统计员工的加班时间

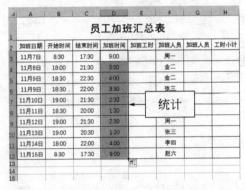 

图 9-31 统计其他员工的实际加班时间　　　图 9-32 输入公式（2）

→ **STEP 05** 按【Enter】键确认，即可得出E3单元格的数据结果，统计员工的加班工时数据，如图9-33所示。

→ **STEP 06** 用拖曳的方法，统计其他员工的工时数据，如图9-34所示。

图 9-33 统计员工的加班工时数据　　　图 9-34 统计其他员工的工时数据

189

➲ STEP 07 选择A2:H12单元格区域,在"数据"面板的"排序和筛选"选项板中,单击"高级"按钮,如图9-35所示。

➲ STEP 08 弹出"高级筛选"对话框,❶选中"将筛选结果复制到其他位置"单选按钮;❷在"条件区域"右侧文本框中输入"$F$2:$F$12";❸在"复制到"右侧文本框中输入"$G$2:$G$12";❹选中"选择不重复的记录"复选框,如图9-36所示。

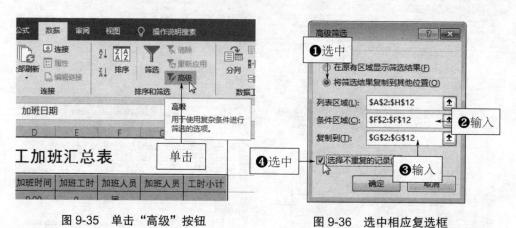

图 9-35 单击"高级"按钮　　　　图 9-36 选中相应复选框

> **专家提醒**
>
> 在"高级筛选"对话框中,各选项含义如下。
> ➢ "在原有区域显示筛选结果"单选按钮:筛选结果显示在原有清单位置。
> ➢ "将筛选结果复制到其他位置"单选按钮:筛选后的结果将显示在"复制到"文本框中指定的区域,与原工作表并存。
> ➢ "列表区域"列表框:指定要筛选的数据区域。
> ➢ "条件区域"列表框:指定含有筛选条件的区域,如果要筛选不重复的记录,则选中"选择不重复的记录"复选框。

➲ STEP 09 单击"确定"按钮,即可筛选不重复的人员,如图9-37所示。

➲ STEP 10 选择H3单元格,输入公式=SUMIF(F:F,G:G,E:E)。具体如图9-38所示。

➲ STEP 11 按【Enter】键确认,即可得出H3单元格的数据结果,统计员工的工时小计数据,如图9-39所示。

STEP 12 用拖曳的方法填充其他员工的工时小计数据，效果如图9-40所示。

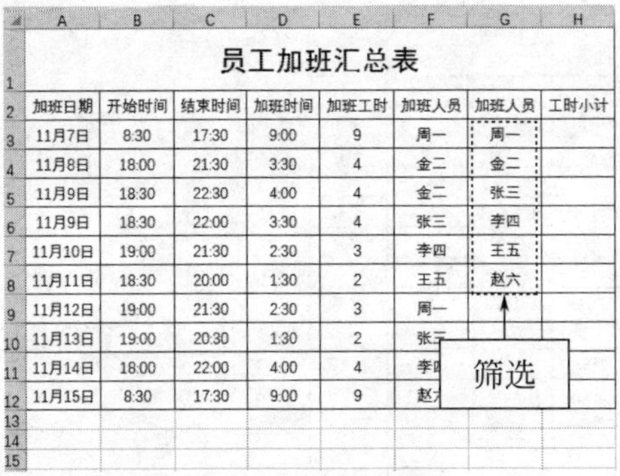

加班日期	开始时间	结束时间	加班时间	加班工时	加班人员	加班人员	工时小计
11月7日	8:30	17:30	9:00	9	周一	周一	
11月8日	18:00	21:30	3:30	4	金二	金二	
11月9日	18:30	22:30	4:00	4	金二	张三	
11月9日	18:30	22:00	3:30	4	张三	李四	
11月10日	19:00	21:30	2:30	3	李四	王五	
11月11日	18:30	20:00	1:30	2	王五	赵六	
11月12日	19:00	21:30	2:30	3	周一		
11月13日	19:00	20:30	1:30	2	张三		
11月14日	18:00	22:00	4:00	4	李四		
11月15日	8:30	17:30	9:00	9	赵六		

图9-37　筛选不重复的人员

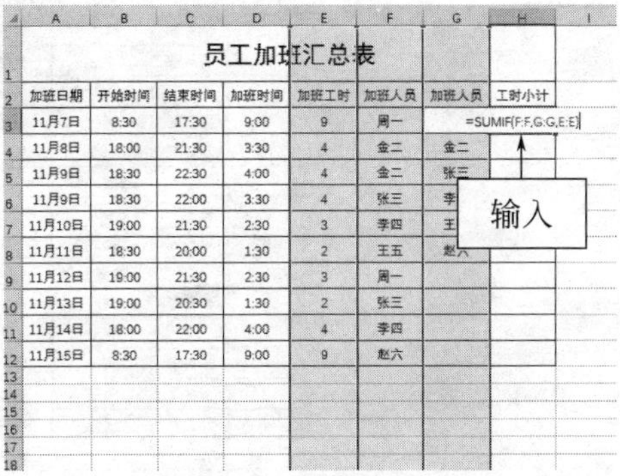

加班日期	开始时间	结束时间	加班时间	加班工时	加班人员	加班人员	工时小计
11月7日	8:30	17:30	9:00	9	周一		=SUMIF(F:F,G:G,E:E)
11月8日	18:00	21:30	3:30	4	金二	金二	
11月9日	18:30	22:30	4:00	4	金二	张三	
11月9日	18:30	22:00	3:30	4	张三	李四	
11月10日	19:00	21:30	2:30	3	李四	王五	
11月11日	18:30	20:00	1:30	2	王五	赵六	
11月12日	19:00	21:30	2:30	3	周一		
11月13日	19:00	20:30	1:30	2	张三		
11月14日	18:00	22:00	4:00	4	李四		
11月15日	8:30	17:30	9:00	9	赵六		

图9-38　输入公式（3）

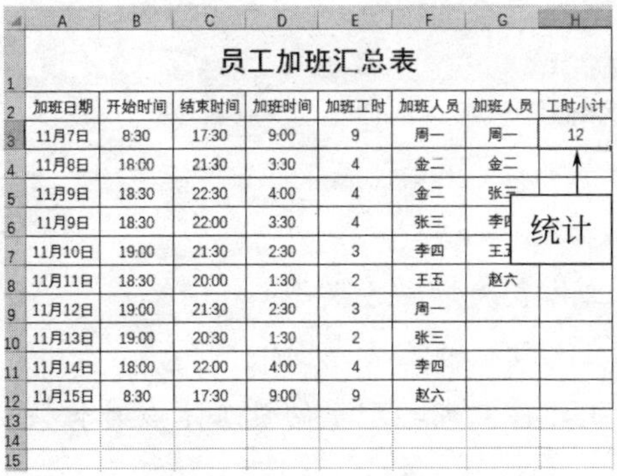

加班日期	开始时间	结束时间	加班时间	加班工时	加班人员	加班人员	工时小计
11月7日	8:30	17:30	9:00	9	周一	周一	12
11月8日	18:00	21:30	3:30	4	金二	金二	
11月9日	18:30	22:30	4:00	4	金二	张三	
11月9日	18:30	22:00	3:30	4	张三	李四	
11月10日	19:00	21:30	2:30	3	李四	王五	
11月11日	18:30	20:00	1:30	2	王五	赵六	
11月12日	19:00	21:30	2:30	3	周一		
11月13日	19:00	20:30	1:30	2	张三		
11月14日	18:00	22:00	4:00	4	李四		
11月15日	8:30	17:30	9:00	9	赵六		

图9-39　统计员工的工时小计

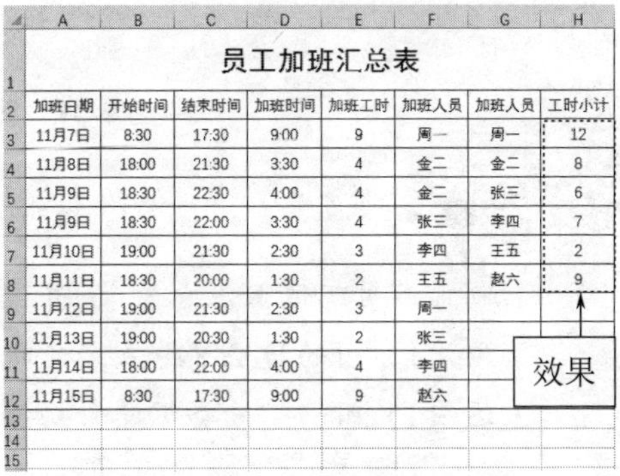

加班日期	开始时间	结束时间	加班时间	加班工时	加班人员	加班人员	工时小计
11月7日	8:30	17:30	9:00	9	周一	周一	12
11月8日	18:00	21:30	3:30	4	金二	金二	8
11月9日	18:30	22:30	4:00	4	金二	张三	6
11月9日	18:30	22:00	3:30	4	张三	李四	7
11月10日	19:00	21:30	2:30	3	李四	王五	2
11月11日	18:30	20:00	1:30	2	王五	赵六	9
11月12日	19:00	21:30	2:30	3	周一		
11月13日	19:00	20:30	1:30	2	张三		
11月14日	18:00	22:00	4:00	4	李四		
11月15日	8:30	17:30	9:00	9	赵六		

图9-40　统计其他员工的工时小计

9.3 ／调休管理：制作员工休假汇总表

人力资源部门每个月都要统计员工的休假数据，并分析休假的类型，以便根据员工的休假情况计算员工的薪酬。

本实例主要介绍“员工休假汇总表”的制作流程和具体方法。

效果欣赏

“员工休假汇总表”的最终效果如图9-41所示。

员工休假汇总表

序号	部门	姓名	假期类型	开始时间	结束时间	时长（天）	是否带薪
4	业务部	李四	病假	7月7日	7月10日	3	带薪
12	行政部	牛鹿	病假	7月6日	7月8日	2	带薪
			病假 计数	2			
7	财务部	钱七	婚假	10月9日	10月12日	3	带薪
13	设计部	张璐	婚假	5月5日	5月8日	3	带薪
			婚假 计数	2			
2	业务部	金二	年休假	10月15日	10月22日	7	带薪
6	财务部	赵六	年休假	3月4日	3月6日	2	带薪
			年休假 计数	2			
8	财务部	朱八	丧假	5月5日	5月8日	3	带薪
			丧假 计数	1			
1	业务部	周一	事假	5月6日	5月9日	3	不带薪
3	业务部	张三	事假	6月5日	6月6日	1	不带薪
9	行政部	于九	事假	6月6日	6月10日	4	不带薪
10	行政部	柳十	事假	8月5日	8月7日	2	不带薪
11	行政部	吴清	事假	7月3日	7月4日	1	不带薪
15	设计部	马力	事假	10月20日	10月25日	5	不带薪
			事假 计数	6			
5	财务部	王五	调休	5月5日	5月6日	1	不带薪
14	设计部	方午	调休	11月11日	11月12日	1	不带薪
			调休 计数	2			
			总计数	15			

图 9-41　员工休假汇总表

技术点睛

1. 制作"员工休假汇总表"，并设置工作表的对齐方式等。
2. 运用 Excel 的 DAYS 函数，统计员工休假的时长。
3. 运用 Excel 的"分类汇总"功能，统计各假期类型下的员工休假时长。

9.3.1　创建员工休假汇总表

"员工休假汇总表"主要包含了员工的部门、姓名、假期类型、开始时间、结束时间、时长以及带薪情况等。下面介绍创建"员工休假汇总表"的具体操作方法。

STEP 01 新建一个名为"员工休假汇总表"的工作表，在工作表中输入相关的信息，如图 9-42 所示。

STEP 02 在工作表中，设置相关单元格区域的行高与列宽，效果如图 9-43 所示。

STEP 03 在工作表中，设置相关单元格区域的"对齐方式"，效果如图 9-44 所示。

STEP 04 设置相关单元格的字体格式，为表格添加"所有框线"，表格效果如图 9-45 所示。

图 9-42 创建工作表并输入相关内容

图 9-43 设置行高与列宽后的效果

图 9-44 设置单元格的"对齐方式"

图 9-45 为表格添加"所有框线"后的效果

> **专家提醒**
>
> 人力资源部门在汇总每月员工休假数据的时候，会以"员工请假申请表"为依据，因为员工休假数据是与员工考勤挂钩的。

9.3.2 统计员工休假时长数据

员工休假的时长是通过员工的休假类型决定的，下面介绍统计员工休假时长数据的具体操作方法。

➡ **STEP 01** 选择G3单元格，在单元格中输入公式：=DAYS(F3,E3)。具体如图9-46所示。

➡ **STEP 02** 按【Enter】键确认，即可得出G3单元格的数据结果，统计员工的休假时长数据，如图9-47所示。

图9-46　在单元格中输入公式 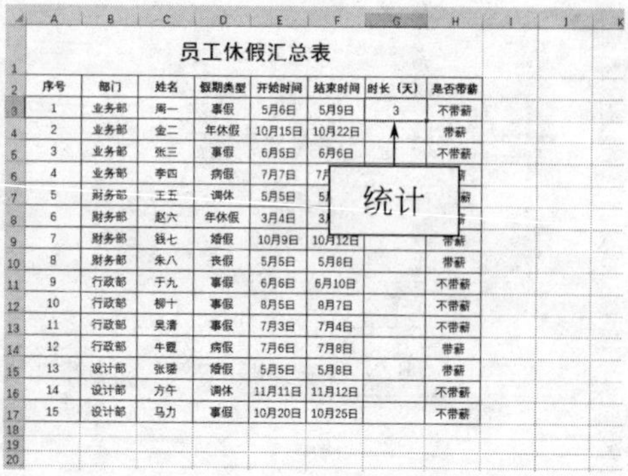　　　　图9-47　统计员工的休假时长数据

> **专家提醒**
>
> 用户在统计员工的休假时长时，还可以在G3单元格中输入公式：=DATEDIF(E3,F3,"d")。按【Enter】键确认，即可在G3单元格中得出相应的数据结果。

STEP 03 选中G3单元格，将鼠标指针移至G3单元格右下角，指针会呈现 ✚ 形状，如图9-48所示。

STEP 04 按住鼠标左键并向下拖曳至G17单元格，即可统计其他员工的休假时长数据，如图9-49所示。

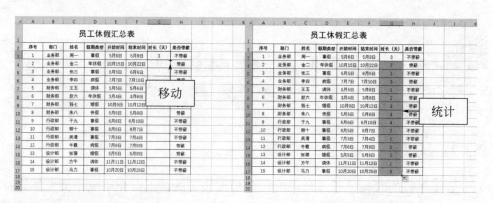

图9-48　移动鼠标指针位置　　　　图9-49　统计其他员工的休假时长数据

9.3.3 统计分析员工请假类型

员工休假会分为两种情况，一种是带薪的，另一种是不带薪的。人力资源

部门在制作"员工休假汇总表"的时候，会根据员工的休假类型来分类统计，以便计算带薪休假员工的工资。下面介绍统计员工休假类型的具体操作方法。

→ STEP 01 选择A2:H17单元格区域，在"数据"面板的"排序和筛选"选项板中，单击"排序"按钮，如图9-50所示。

→ STEP 02 弹出"排序"对话框，❶单击"主要关键字"右侧的下拉按钮；❷在弹出的列表框中选择"假期类型"选项，如图9-51所示。

图 9-50 单击"排序"按钮

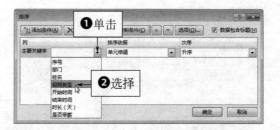

图 9-51 选择"假期类型"选项

专家提醒

用户在进行排序操作时，还可以选择数据区域中的任意一个单元格，单击鼠标右键，在弹出的快捷菜单中选择"排序"，点击"自定义排序"选项，执行操作后，即可快速调出"排序"对话框。

→ STEP 03 单击"确定"按钮，即可按照假期类型对工作表进行排序，表格效果如图9-52所示。

→ STEP 04 选择A2:H17单元格区域，在"数据"面板的"分级显示"选项板中，单击"分类汇总"按钮，如图9-53所示。

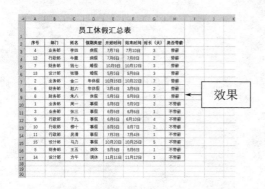

图 9-52 按照假期类型排序效果

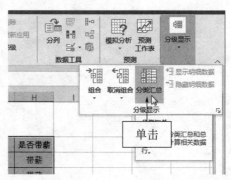

图 9-53 单击"分类汇总"按钮

STEP 05　弹出"分类汇总"对话框，❶在对话框中设置"分类字段"为"假期类型"；❷设置"汇总方式"为"计数"；❸在"选定汇总项"列表框中选中"假期类型"复选框，如图9-54所示。

STEP 06　单击"确定"按钮，即可按照假期类型对工作表进行汇总，效果如图9-55所示。至此，完成"员工休假汇总表"的制作。

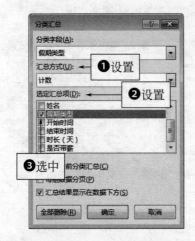

图 9-54　选中"假期类型"复选框

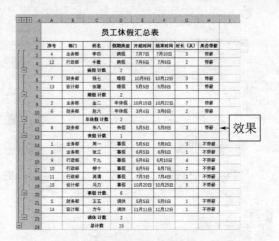

图 9-55　按照假期类型汇总后的效果

第10章

档案：
人事管理与岗位的调动

员工入职后，为了方便管理员工档案信息，人力资源部门会创建相应的员工档案表，例如：管理人员档案表、员工违纪过失记录表、员工奖惩记录台账表、人事异动月报表以及员工岗位调动信息表等。本章主要提供了用于管理员工档案信息的相关表格，并详细介绍了应用Excel设计相关表格的技巧。

第10章15个演示视频
请 扫 码 观 看

10.1 记录分析：制作管理人员档案表

员工档案是指企业人力资源部门在招聘、调配、培训、考核以及奖惩等工作中形成的有关员工个人经历、政治思想、业务技术水平、工作表现以及工作变动等情况的文件资料。"管理人员档案表"就是记录管理层员工信息的表格。企业管理者结合企业现状，统计并分析管理人员的相关数据信息。

本实例主要介绍"管理人员档案表"的制作流程和具体方法。

效果欣赏

"管理人员档案表"的最终效果如图10-1所示。

管理人员档案表								按照不同的年龄段分组	
序号	姓名	职位	年龄	工龄	学历	薪酬		分组	人数
1	周一	销售总监	47	10年	本科	15000		>50	0
4	李四	行政总监	30	3年	硕士	15000		>40	1
2	金二	销售经理	32	5年	本科	10000		>30	2
3	张三	人事经理	25	2年	大专	10000		>20	7
5	王五	项目经理	21	1年	大专	10000		合计	10
6	赵六	产品经理	31	4年	硕士	10000			
7	钱七	项目经理	26	2年	硕士	10000			
8	朱八	行政主管	27	3年	本科	7000			
9	于九	销售主管	22	1年	本科	7000			
10	柳十	项目主管	21	1年	大专	7000			

图10-1 管理人员档案表

技术点睛

1. 运用Excel的"排序"功能，对工作表进行排序。
2. 运用Excel的COUNTIF函数，统计不同年龄段的管理人员的人数。
3. 运用Excel的SUM函数，统计各年龄段的管理人员的总人数。

10.1.1 创建管理人员档案表

"管理人员档案表"主要包含了管理人员的姓名、职位、年龄、工龄、学历以及薪酬等内容。下面介绍创建"管理人员档案表"的具体操作方法。

► STEP 01 新建一个名为"管理人员档案表"的工作表，在工作表中输入相关的信息，设置表格的行高与列宽，效果如图10-2所示。

► STEP 02 设置A1:G1单元格区域的"对齐方式"为"合并后居中"与"垂直居中"；设置A1:G1单元格区域的"字体"为"黑体"、"字号"为18，效果如图10-3所示。

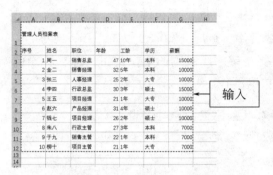

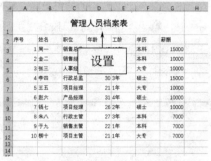

图10-2 在工作表中输入相关的信息　　　图10-3 设置单元格的字体格式效果

► STEP 03 选择A2:G12单元格区域，设置"对齐方式"为"垂直居中"与"居中"，效果如图10-4所示。

► STEP 04 在工作表中添加"所有框线"，效果如图10-5所示。

图10-4 设置单元格的对齐方式　　　图10-5 在工作表中添加"所有框线"效果

专家提醒

此表由人力资源部门制作、备案，人力资源管理人员应根据企业管理人员的实际情况，输入相关的信息，最后提交企业负责人进行查阅。

10.1.2 按薪酬高低排序分析管理人员

人力资源部门为了便于查看或更新各部门管理人员的薪酬情况，可以用Excel对管理人员的薪酬数据进行排序。下面介绍对管理人员按薪酬高低进行排序的具体操作方法。

STEP 01 选择A2:G12单元格区域，在"数据"面板的"排序与筛选"选项板中，❶单击"排序"按钮 ；❷弹出"排序"对话框，如图10-6所示。

STEP 02 ❶在对话框中单击"主要关键字"右侧的下拉按钮；❷在弹出的列表框中选择"薪酬"选项，如图10-7所示。

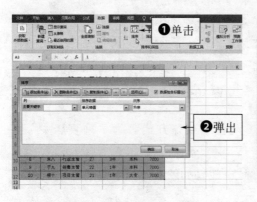

图10-6 弹出"排序"对话框　　　图10-7 选择"薪酬"选项

STEP 03 ❶在对话框中单击"次序"右侧的下拉按钮；❷在弹出的列表框中选择"降序"选项，如图10-8所示。

STEP 04 单击"确定"按钮，即可按薪酬的高低对管理人员进行排序，效果如图10-9所示。

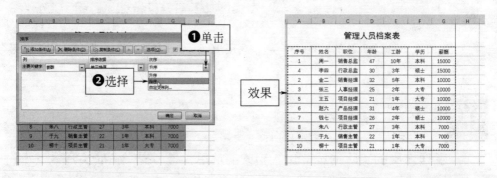

图10-8 选择"降序"选项　　　图10-9 按薪酬的高低对管理人员进行排序

10.1.3　按年龄分析管理人员的结构

人力资源部门在统计管理人员的信息时，会按照管理人员的年龄进行统计与分析。下面介绍按年龄统计管理人员的人数的具体操作方法。

STEP 01　在J2:K8单元格区域里输入相关的内容，并设置相关的单元格格式，效果如图10-10所示。

STEP 02　选择K4单元格，在单元格中输入公式:=COUNTIF($D$3:$D$12, J4)。具体如图10-11所示。

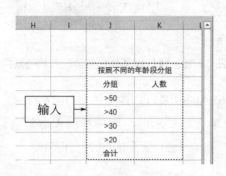
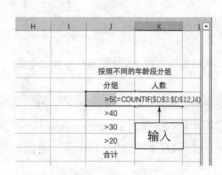

图 10-10　输入相关的内容　　　　图 10-11　输入公式（1）

STEP 03　按【Enter】键确认，即可在K4单元格中显示>50年龄段人数的数据结果，如图10-12所示。

STEP 04　选择K5单元格，输入公式:=COUNTIF($D$3:$D$12,J5)-SUM(K$4:K4)，如图10-13所示。

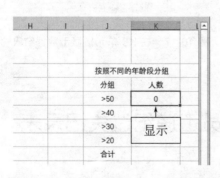

图 10-12　在 K4 单元格显示数据结果　　　　图 10-13　输入公式（2）

STEP 05　按【Enter】键确认，即可在K5单元格中显示>40（且≤50）年龄段的数据结果，如图10-14所示。

STEP 06 选中K5单元格,将鼠标指针移至K5单元格右下角,当指针呈现 ╋ 形状时,按住鼠标左键并向下拖曳至K7单元格,即可统计出其他各年龄段人数的数据,如图10-15所示。

图10-14 在K5单元格显示数据结果　　图10-15 统计出其他各年龄段人数的数据

STEP 07 选择K8单元格,输入公式:=SUM(K4:K7)。具体如图10-16所示。

STEP 08 按【Enter】键确认,此时K8单元格显示的是各年龄段人数的合计数,效果如图10-17所示。至此,完成"管理人员档案表"的制作。

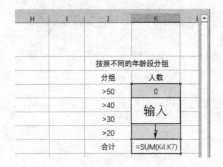 

图10-16 输入公式(3)　　图10-17 在K8单元格显示数据结果

10.2 内部纪律:制作员工违纪过失记录表

"员工违纪过失记录表"是人力资源部门记录员工违反企业内部纪律等情况的表格。根据企业规章制度,违反规定的员工应接受相应的处罚。对于员工的违纪过失,企业应秉着公平、公正的原则进行处理,提醒员工下一次不再犯同样的错误,并引导员工提高思想觉悟、提高工作效率。

本实例主要介绍"员工违纪过失记录表"的制作流程和具体方法。

效果欣赏

"员工违纪过失记录表"的最终效果如图10-18所示。

员工违纪过失记录表

序号	月份	姓名	违纪过失类别	违纪过失次数	处罚金额（元）	本人签字	领导签字
1	6月	周一	违反公司制度	1	50		
2	6月	王五	违反部门纪律	2	100		
3	6月	李四	违反公司制度	1	50		
4	7月	张三	违反公司制度	1	50		
5	7月	于九	违反团队纪律	2	100		
6	7月	张三	违反部门纪律	2	100		
7	8月	周一	违反团队纪律	3	150		
8	8月	柳十	违反公司制度	1	50		
9	8月	金二	违反公司制度	1	50		
10	9月	朱八	违反团队纪律	2	100		
11	9月	钱七	违反部门纪律	1	50		
12	9月	柳十	违反团队纪律	1	50		

图10-18 员工违纪过失记录表

技术点睛

1. 运用Excel的"排序"功能，对工作表中的姓名进行排序。
2. 运用Excel的"分类汇总"功能，统计公司员工的过失次数。
3. 运用Excel的"分类汇总"功能，分类汇总员工的过失类别情况。

10.2.1 创建员工违纪过失记录表

"员工违纪过失记录表"主要包含的内容有月份、姓名、违纪过失类别、违纪过失次数、处罚金额、本人签字以及领导签字等。下面介绍创建"员工违纪过失记录表"的具体操作方法。

STEP 01 创建一个名为"员工违纪过失记录表"的工作表，在表中输入相关的内容，并设置工作表的行高与列宽，效果如图10-19所示。

STEP 02 在工作表中设置相关单元格的对齐方式、字体格式等，并为表格添加"所有框线"，效果如图10-20所示。

图 10-19 在表中输入相关的内容　　　　图 10-20 添加"所有框线"后的效果

> **专家提醒**
>
> 员工违纪过失是指员工违反公司有关的纪律与规定的行为。人力资源部门把相关表格制作出来后必须让员工本人签字，然后让员工所在部门领导进行核实并签字，最后由人力资源部门进行统计、分析和备案。

10.2.2　统计员工违纪过失次数

"员工违纪过失记录表"中记录了员工违纪过失的次数与处罚金额。下面介绍统计员工违纪过失次数的具体操作方法。

▶ STEP 01　选择A2:F14单元格区域，在"数据"面板的"排序和筛选"选项板中，单击"排序"按钮，如图10-21所示。

▶ STEP 02　弹出"排序"对话框，❶单击"主要关键字"右侧的下拉按钮；❷在弹出的列表框中选择"姓名"选项，如图10-22所示。

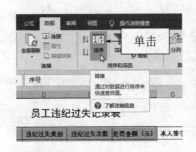
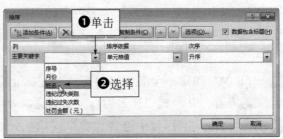

图 10-21　单击"排序"按钮　　　　图 10-22　选择"姓名"选项

> **专家提醒**
>
> 若在"排序提醒"对话框中选中"以当前选定区域排序"单选按钮，则在单击"排序"按钮后，Excel只会对选定区域进行排序操作，而其他数据保持不变。

◯ STEP 03 单击"确定"按钮，即可按照姓名对工作表进行排序，如图10-23所示。

◯ STEP 04 选择A2:F14单元格区域，在"数据"面板的"分级显示"选项板中，单击"分类汇总"按钮，如图10-24所示。

图 10-23 对工作表进行排序操作

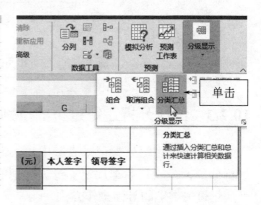

图 10-24 单击"分类汇总"按钮

◯ STEP 05 弹出"分类汇总"对话框，❶设置"分类字段"为"姓名"；❷设置"汇总方式"为"求和"；❸在"选定汇总项"选项下方选中"违纪过失次数"复选框，如图10-25所示。

◯ STEP 06 单击"确定"按钮，即可对工作表进行分类汇总，统计出员工的违纪过失次数，效果如图10-26所示。

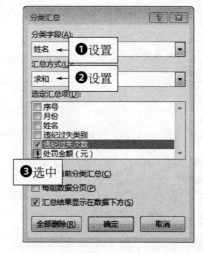

图 10-25 选中"违纪过失次数"复选框

员工违纪过失记录表							
序号	月份	姓名	违纪过失类别	违纪过失次数	处罚金额（元）	本人签字	领导签字
9	8月	金二	违反公司制度	1	50		
		金二 汇总		1			
3	6月	李四	违反公司制度	1	50		
		李四 汇总		1			
8	8月	柳十	违反公司制度	1	50		
12	9月	柳十	违反团队纪律	1	50		
		柳十 汇总		2			
11	9月	钱七	违反部门纪律	1	50		
		钱七 汇总		1			
2	6月	王五	违反部门纪律	2	100		
		王五 汇总		2			
5	7月	于九	违反团队纪律	2			
		于九 汇总		2			
4	7月	张三	违反公司制度	1			
6	7月	张三	违反部门纪律	2	100		
		张三 汇总		3			
1	6月	周一	违反公司制度	1	50		
7	8月	周一	违反团队纪律	3	150		
		周一 汇总		4			
10	9月	朱八	违反团队纪律	2	100		
		朱八 汇总		2			
		总计		18			

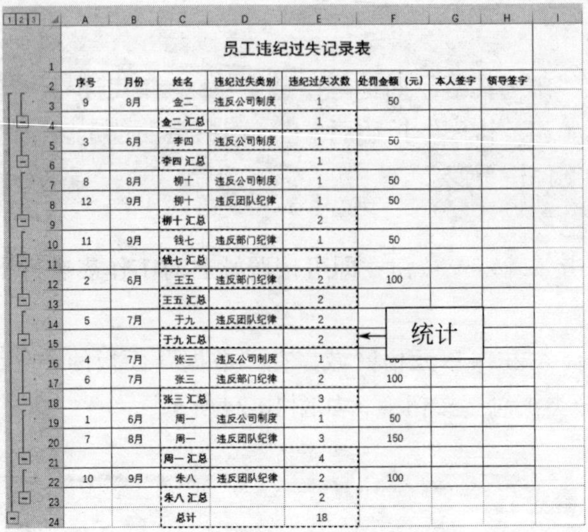

图 10-26　统计出员工的违纪过失次数

10.2.3　统计分析违纪过失的类别

在“员工违纪过失记录表”中，人力资源部门会对每一位员工所犯的错误进行分类，一般企业都规定了过失类别的内容，以统一处罚标准。下面介绍统计违纪过失类别的具体操作方法。

STEP 01 将工作表切换至10.2.1节的工作表状态，选择A2:F14单元格区域，根据10.2.2节的排序操作方法，在弹出的“排序”对话框中，❶单击“主要关键字”右侧的下拉按钮；❷在弹出的列表框中选择“违纪过失类别”选项，如图10-27所示。

STEP 02 单击“确定”按钮，即可对工作表进行排序，效果如图10-28所示。

图 10-27　选择“违纪过失类别”选项

员工违纪过失记录表							
序号	月份	姓名	违纪过失类别	违纪过失次数	处罚金额（元）	本人签字	领导签字
2	6月	王五	违反部门纪律	2	100		
6	7月	张三	违反部门纪律	2	100		
11	9月	钱七	违反部门纪律	1	50		
1	6月	周一	违反公司制度	1	50		
3	6月	李四	违反公司制度	1	50		
4	7月	张三	违反公司制度	1	50		
8	8月	柳十	违反公司制度	1	50		
9	8月	金二	违反公司制度	1	50		
5	7月	于九	违反团队纪律	2	100		
7	8月	周一	违反团队纪律	3	150		
10	9月	朱八	违反团队纪律	2	100		
12	9月	柳十	违反团队纪律	1	50		

图 10-28　对工作表进行排序后的效果

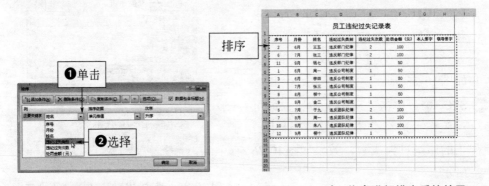

STEP 03 选择A2:F14单元格区域，用与10.2.2节同样的方法，调出“分类汇总”对话框，❶设置“分类字段”为“违纪过失类别”；❷设置“汇总方式”为“计数”；❸在“选定汇总项”选项下方选中“违纪过失类别”复选框，如图10-29所示。

STEP 04 单击“确定”按钮，即可对工作表进行分类汇总（分类汇总员工的违纪过失类别情况），调整C2:C18单元格区域的列宽，效果如图10-30所示。至此，完成“员工违纪过失记录表”的制作。

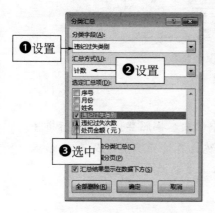

图10-29　选中“违纪过失类别”复选框

	A	B	C	D	E	F	G	H
1	员工违纪过失记录表							
2	序号	月份	姓名	违纪过失类别	违纪过失次数	处罚金额（元）	本人签字	领导签字
3	2	6月	王五	违反部门纪律	2	100		
4	6	7月	张三	违反部门纪律	2	100		
5	11	9月	钱七	违反部门纪律	1	50		
6			违反部门纪律 计数	3				
7	1	6月	周一	违反公司制度	1	50		
8	3	6月	李四	违反公司制度	1	50		
9	4	7月	张三	违反公司制度	1	50		
10	8	8月	柳十	违反公司制度	1	50		
11	9	8月	金二	违反公司制度				
12			违反公司制度 计数	5				
13	5	7月	于九	违反团队纪律				
14	7	8月	周一	违反团队纪律	3	150		
15	10	9月	朱八	违反团队纪律	2	100		
16	12	9月	柳十	违反团队纪律	1	50		
17			违反团队纪律 计数	4				
18			总计数	12				

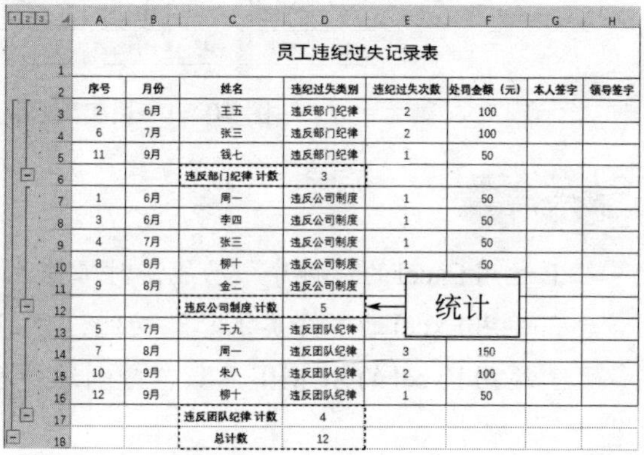

图10-30　分类汇总员工的违纪过失类别情况

10.3 ／ 奖惩信息：制作员工奖惩记录台账表

奖惩的原则就是规定在什么情况下给予什么样的奖励或惩罚，即员工的哪些行为可以记大功、哪些行为记小功、哪些行为要记过等。规则要清楚明白，避免模棱两可的语言。“员工奖惩记录台账表”主要用于记录员工所获得的奖励与所受到的惩罚等信息。公平、有效的奖惩办法，可以使员工的心情舒畅，为员工发挥积极性和创造性提供有利的条件。

本实例主要介绍“员工奖惩记录台账表”的制作流程和具体方法。

效果欣赏

“员工奖惩记录台账表”的最终效果如图10-31所示。

员工奖惩记录台账表					
序号	姓名	奖惩分类	奖惩日期	奖惩事由	奖惩金额（元）
1	周一	奖励	11月1日	提前完成工作目标	200
2	金二	晋级	11月1日	职位提前晋级	1000
3	张三	晋级	11月5日	职位提前晋级	1000
4	李四	小过	11月7日	违反公司制度	-500
5	王五	大过	11月10日	令公司名誉受损	-1500
6	赵六	奖励	11月12日	对公司业务有一定功劳	300
7	钱七	奖励	11月13日	业绩排名第一	500
8	朱八	奖励	11月18日	突破业绩最高记录	800
9	于九	警告	11月22日	工作失误	-50
10	柳十	违纪	11月25日	迟到3次	-100

图 10-31　员工奖惩记录台账表

技术点睛

1.运用Excel的“排序”功能，对工作表中的内容按照奖惩分类进行排序。

2.运用Excel的“分类汇总”功能，分别统计各奖惩类别的人员情况。

3.运用Excel的SUMIF函数，分别统计各员工的奖惩金额。

10.3.1　创建员工奖惩记录台账表

“员工奖惩记录台账表”由人力资源部门制作并存档，表中应清晰罗列出奖惩的详细事项。下面介绍创建“员工奖惩记录台账表”的具体操作方法。

STEP 01　创建一个名为“员工奖惩记录台账表”的工作表，在表中输入相关的内容，并设置工作表的行高与列宽，效果如图10-32所示。

STEP 02　在工作表中设置相关单元格的对齐方式、字体格式等属性，并为表格添加“所有框线”，效果如图10-33所示。

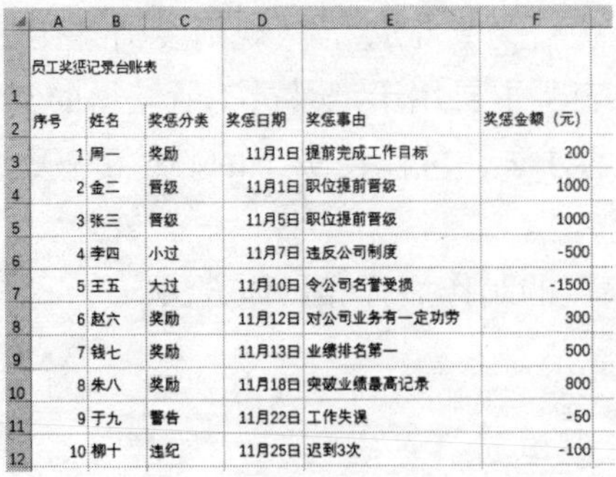

	A	B	C	D	E	F
1	员工奖惩记录台账表					
2	序号	姓名	奖惩分类	奖惩日期	奖惩事由	奖惩金额（元）
3	1	周一	奖励	11月1日	提前完成工作目标	200
4	2	金二	晋级	11月1日	职位提前晋级	1000
5	3	张三	晋级	11月5日	职位提前晋级	1000
6	4	李四	小过	11月7日	违反公司制度	-500
7	5	王五	大过	11月10日	令公司名誉受损	-1500
8	6	赵六	奖励	11月12日	对公司业务有一定功劳	300
9	7	钱七	奖励	11月13日	业绩排名第一	500
10	8	朱八	奖励	11月18日	突破业绩最高记录	800
11	9	于九	警告	11月22日	工作失误	-50
12	10	柳十	违纪	11月25日	迟到3次	-100

图 10-32　输入内容并调整行高与列宽后的效果

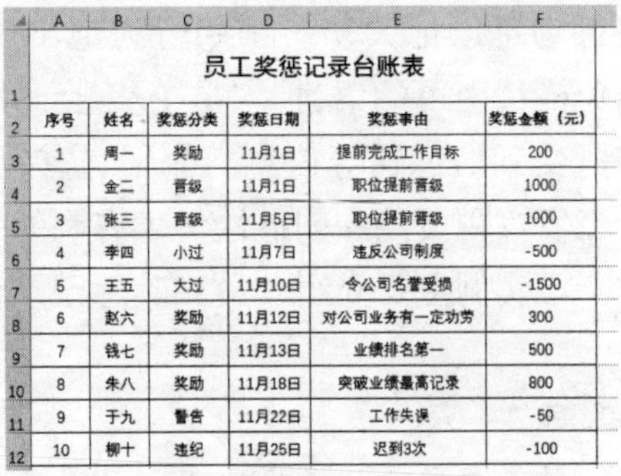

	A	B	C	D	E	F
1	员工奖惩记录台账表					
2	序号	姓名	奖惩分类	奖惩日期	奖惩事由	奖惩金额（元）
3	1	周一	奖励	11月1日	提前完成工作目标	200
4	2	金二	晋级	11月1日	职位提前晋级	1000
5	3	张三	晋级	11月5日	职位提前晋级	1000
6	4	李四	小过	11月7日	违反公司制度	-500
7	5	王五	大过	11月10日	令公司名誉受损	-1500
8	6	赵六	奖励	11月12日	对公司业务有一定功劳	300
9	7	钱七	奖励	11月13日	业绩排名第一	500
10	8	朱八	奖励	11月18日	突破业绩最高记录	800
11	9	于九	警告	11月22日	工作失误	-50
12	10	柳十	违纪	11月25日	迟到3次	-100

图 10-33　设置表格格式后的效果

> **专家提醒**
>
> 企业所有员工的奖惩管理由人力资源总监总体负责,人力资源部门具体负责,同时其他部门应积极配合。

10.3.2 统计分析奖惩的人数

每当有员工获得奖励或者受到处罚时,人力资源部门都必须如实记录相关信息,这些信息是评选优秀员工的依据。下面介绍统计分析奖惩人数的具体操作方法。

STEP 01 创建"员工奖惩记录台账表"工作表副本,此时工作表自动重命名为"员工奖惩记录台账表(2)",切换至"员工奖惩记录台账表"工作表,在其中选择A2:F12单元格区域,在"数据"面板的"排序和筛选"选项板中,单击"排序"按钮,如图10-34所示。

STEP 02 弹出"排序"对话框,❶单击"主要关键字"右侧的下拉按钮;❷在弹出的列表框中选择"奖惩分类"选项,如图10-35所示。

图 10-34 单击"排序"按钮

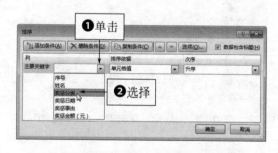
图 10-35 选择"奖惩分类"选项

STEP 03 单击"确定"按钮,即可对工作表中的内容进行排序,如图10-36所示。

STEP 04 选择A2:F12单元格区域,在"数据"面板的"分级显示"选项板中,单击"分类汇总"按钮,如图10-37所示。

STEP 05 弹出"分类汇总"对话框,❶设置"分类字段"为"奖惩分类";❷设置"汇总方式"为"计数";❸在"选定汇总项"选项下方选中"奖惩分类"复选框,如图10-38所示。

序号	姓名	奖惩分类	奖惩日期	奖惩事由	奖惩金额（元）
5	王五	大过	11月10日	令公司名誉受损	-1500
1	周一	奖励	11月1日	提前完成工作目标	200
6	赵六	奖励	11月12日	对公司业务有一定功劳	300
7	钱七	奖励	11月13日	业绩排名第一	500
8	朱八	奖励	11月18日	突破业绩最高记录	800
2	金二	晋级	11月1日	职位提前晋级	1000
3	张三	晋级	11月5日	职位提前晋级	1000
9	于九	警告	11月22日	工作失误	-50
10	柳十	违纪	11月25日	迟到3次	-100
4	李四	小过	11月7日	违反公司制度	-500

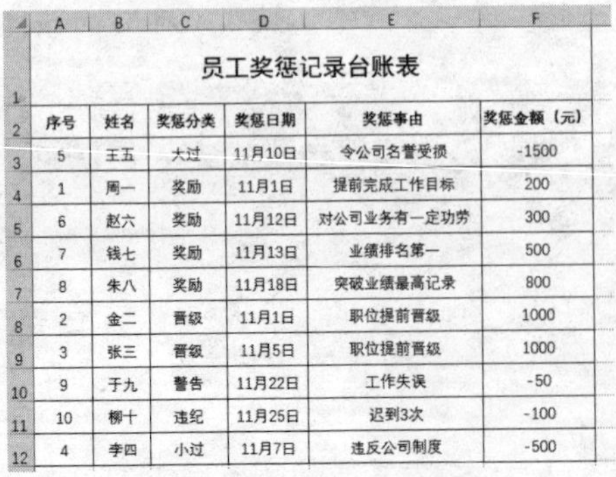

图 10-36　对工作表进行排序操作

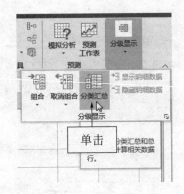

图 10-37　单击“分类汇总”按钮

STEP 06 单击“确定”按钮，即可对工作表中的内容进行分类汇总，分别统计出各奖惩类别的人员情况，如图10-39所示。

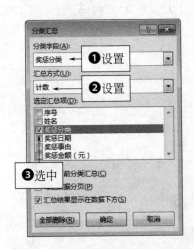

图 10-38　选中“奖惩分类”复选框

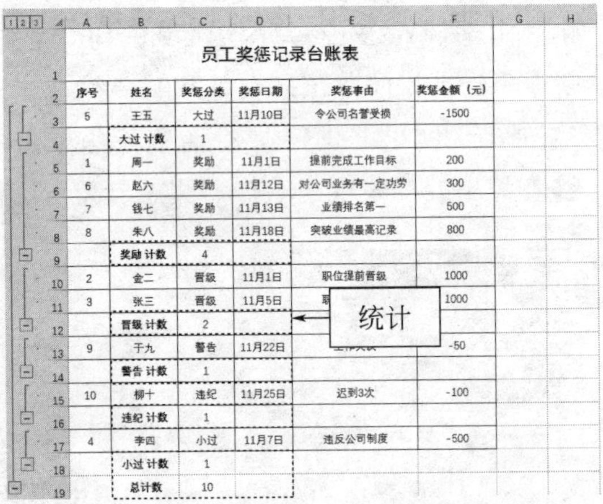

图 10-39　分别统计出各奖惩类别的人员情况

10.3.3　统计所获奖金与惩罚金额

在“员工奖惩记录台账表(2)”的工作表中，需要分别统计员工所获得的奖金与处罚金额，下面介绍具体的操作方法。

STEP 01 将工作表切换至“员工奖惩记录台账表(2)”，在A16:C17单元格区域中输入相应的信息，设置单元格的相关属性，并添加框线，效果如图10-40所示。

STEP 02 选择B17单元格，在单元格中输入公式:=SUMIF('员工奖惩记录台账表(2)'!F:F,">0")。具体如图10-41所示。

第10章 档案：人事管理与岗位的调动

图10-40 输入相应的信息

图10-41 在单元格中输入公式

STEP 03 按【Enter】键确认，即可得出"奖励金额"的计算结果，如图10-42所示。

STEP 04 选择C17单元格，在单元格中输入公式：=SUMIF('员工奖惩记录台账表 (2)'!F:F,"<0")。按【Enter】键确认，即可得出"处罚金额"的计算结果，如图10-43所示。至此，完成"员工奖惩记录台账表"的制作。

图10-42 得出奖励金额的计算结果

图10-43 得出处罚金额的计算结果

10.4 人员流动：制作人事异动月报表

"人事异动月报表"是人力资源部门对企业各个月份的人事异动情况进行统计与分析而制作的图表。人事异动类型主要包括录取人数、离职人数、转正人数、职位晋升、职位降级、岗位调整以及奖惩人数等。人力资源部门还需将一年中的"人事异动月报表"的情况进行汇总,作为下一年的参考依据。

本实例主要介绍"人事异动月报表"的制作流程和具体方法。

效果欣赏

"人事异动月报表"的最终效果如图10-44所示。

月份 \ 异动类型	录取人数	离职人数	转正人数	职位晋升	职位降级	岗位调整	奖惩人数	小计
1月	3	5	1	1	0	2	3	15
2月	3	0	2	1	0	1	2	9
3月	2	4	2	0	1	0	0	9
4月	5	3	3	0	0	0	0	11
5月	5	0	3	1	0	0	5	14
6月	7	5	5	2	2	1	6	28
7月	6	3	2	3	0	0	0	14
8月	10	0	1	1	1	3	7	23
9月	5	5	1	0	1	0	2	14
10月	8	2	6	2	0	4	5	27
11月	4	1	4	0	0	0	4	13
12月	3	0	2	1	1	1	6	14
合计	61	28	32	12	6	12	40	191

图10-44 人事异动月报表

技术点睛

1.运用Excel的SUM函数,统计各个月份的人事异动数据。

2.运用Excel的SUM函数,统计各个分类的人事异动数据。

3.运用Excel的折线图,呈现人员流入与流出情况。

10.4.1 创建人事异动月报表

人力资源部门在对每个月的人事异动情况进行统计时,必须结合当月的实际情况。下面介绍创建"人事异动月报表"的具体操作方法。

STEP 01 创建一个名为"人事异动月报表"的工作表,在表中输入相关的内容,并设置工作表的行高与列宽,效果如图10-45所示。

STEP 02 ❶选择A2:A3单元格区域;❷在"插入"面板的"插图"选项板中单击"形状"按钮,如图10-46所示。

STEP 03 在弹出的列表框中,选择"直线"工具,如图10-47所示。

STEP 04 将鼠标指针移至A2单元格左上角,按住鼠标左键并拖曳至A3单元格右下角,绘制一条分割线,如图10-48所示。

第10章 档案：人事管理与岗位的调动

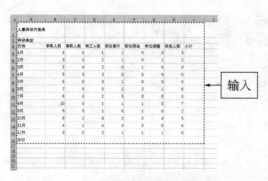

图 10-45 在表中输入相关的内容

图 10-46 单击"形状"按钮

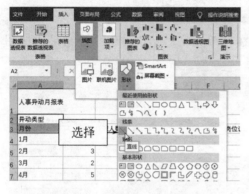

图 10-47 选择"直线"工具

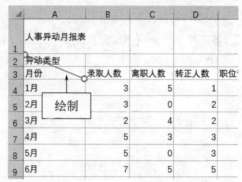

图 10-48 绘制一条分割线

STEP 05 在"格式"面板的"形状样式"选项板中，选择"细线-深色1"样式，即可设置分割线的样式效果，如图10-49所示。

STEP 06 在表中设置对齐方式、字体格式等属性，并为表格添加"所有框线"，效果如图10-50所示。

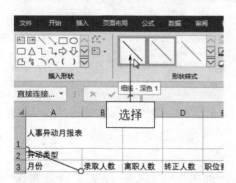

图 10-49 选择"细线 - 深色 1"样式

图 10-50 设置表格格式后的效果

213

> **专家提醒**
>
> 一般情况下，人力资源部门要按照实际情况对"人事异动月报表"进行更新，最后上交领导审阅。

10.4.2 统计分析人员流入情况

"人事异动月报表"最重要的功能之一就是统计人员的流入与流出情况。下面介绍统计人员流入情况的具体操作方法。

STEP 01 选择I4单元格，在单元格中输入公式：=SUM(B4:H4)。具体如图10-51所示。

STEP 02 按【Enter】键确认，即可在I4单元格显示当月的小计结果，如图10-52所示。

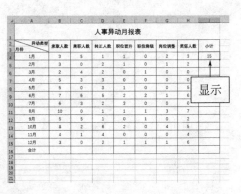

图10-51 在单元格中输入公式1　　图10-52 在I4单元格显示当月的小计结果

STEP 03 选中I4单元格，将鼠标指针移至I4单元格右下角，当鼠标指针呈现╋形状时，按住鼠标左键并向下拖曳至I15单元格，即可填充其他月份的异动人数的小计数据，如图10-53所示。

STEP 04 选择B16单元格，在单元格中输入公式：=SUM(B4:B15)。具体如图10-54所示。

STEP 05 按【Enter】键确认，即可在B16单元格得出数据结果为61，表示本月录取人数总计为61人。用拖曳的方法填充其他异动类型的合计数据，如图10-55所示。

STEP 06 选择A2:B15单元格区域，在"插入"面板的"图表"选项板中，单击"插入折线图或面积图"按钮 ，如图10-56所示。

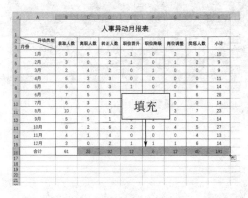

图 10-53　填充其他月份的异动人数的小计数据

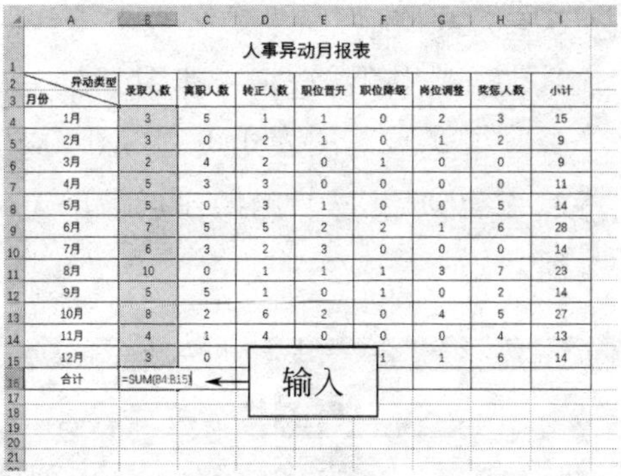

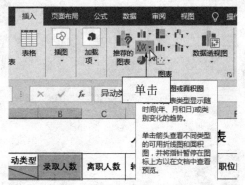

图 10-54　在单元格中输入公式 2

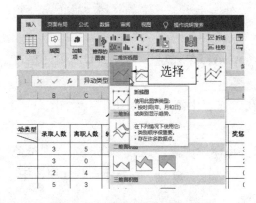

图 10-55　填充其他异动类型的合计数据

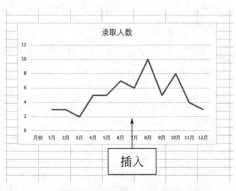

图 10-56　单击"插入折线图或面积图"按钮

STEP 07　在弹出的列表框中，选择"二维折线图"下的"折线图"样式，如图 10-57 所示。

STEP 08　执行上述操作后，即可插入录取人数折线图图表，如图 10-58 所示。

图 10-57　选择"折线图"样式　　　图 10-58　插入录取人数折线图图表

STEP 09 选择"录取人数"折线图，将标题"录取人数"修改为"人员流入情况分析"；选择折线图，在"设计"面板的"图表样式"选项板中，选择"样式12"图表样式，如图10-59所示。

STEP 10 执行上述操作后，即可完成折线图的样式设置，效果如图10-60所示。

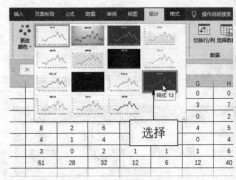
图 10-59 选择"样式 12"图表

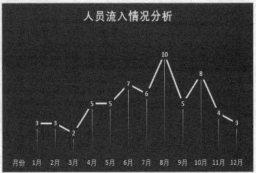
图 10-60 设置折线图的样式后的效果

专家提醒

用户在"设计"面板的"图表样式"选项板中，可以根据用户自身的喜好设置图表样式。

10.4.3 统计分析人员流出情况

前文统计了人员的流入情况，对于一个企业来说，人员流入与人员流出是并存的，所以，人员流出情况也是很重要的一个方面。下面介绍统计人员流出情况的具体操作方法。

STEP 01 按住【Ctrl】键的同时选择A2:A15单元格区域、C2:C15单元格区域，如图10-61所示。

STEP 02 用10.4.2节介绍的方法，在工作表中插入折线图图表，如图10-62所示。

STEP 03 选择"离职人数"折线图，将标题"离职人数"修改为"人员流出情况分析"；然后选择折线图，在"设计"面板的"图表样式"选项板中，选择"样式2"选项，如图10-63所示。

第 10 章　档案：人事管理与岗位的调动

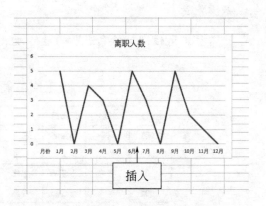

图 10-61　选择相应单元格　　　　图 10-62　在单元格中插入折线图图表

➡ **STEP 04** 执行上述操作后，即可设置图表样式，效果如图 10-64 所示。至此，完成"人事异动月报图表"的制作。

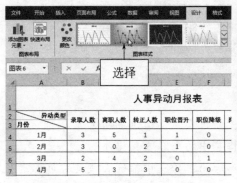

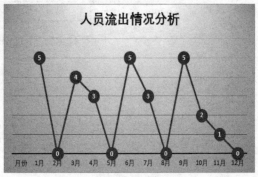

图 10-63　选择"样式 2"图表样式　　　　图 10-64　设置图表样式后的效果

10.5　人事变动：制作员工岗位调动信息表

"员工岗位调动信息表"主要用于统计员工的职务、部门或隶属关系等人事变动情况，包括统计企业内部岗位变动相关的信息。人员一旦进入企业，就可能要在企业内部流动（如平级调动、晋升和降职等），以适应企业的发展需要以及满足自己的职业抱负。

本实例主要介绍"员工岗位调动信息表"的制作流程和具体方法。

效果欣赏

"员工岗位调动信息表"的最终效果如图10-65所示。

员工岗位调动信息表						
工号	姓名	原部门	原岗位	新岗位	调动日期	变动类型
1001	周一	销售部	总监	业务部总监	6月1日	平级调动
1002	金二	市场部	经理	市场部总监	7月15日	晋升
1003	张三	市场部	主管	销售部专员	7月18日	降职
1004	李四	行政部	专员	行政部主管	8月1日	晋升
1005	王五	后勤部	主管	仓管部主管	8月1日	平级调动
1006	赵六	销售部	专员	销售部经理	8月20日	晋升
1007	钱七	管理部	主管	销售部专员	9月1日	降职
1008	朱八	销售部	专员	行政部助理	9月1日	平级调动
1009	于九	销售部	专员	销售部主管	9月1日	晋升
1010	柳十	技术部	专员	技术部主管	11月1日	晋升

图 10-65　员工岗位调动信息表

技术点睛

1. 运用Excel的"数据透视表"功能，分析普通类岗位调动情况。
2. 运用Excel的"排序"功能，将工作表中的内容重新排序。
3. 运用Excel的"筛选"功能，在排序后的工作表中筛选管理层人员。
4. 运用Excel的"分类汇总"功能，分析管理类岗位的调动情况。

10.5.1　创建员工岗位调动信息表

员工岗位调动有广义和狭义之分。其中，广义的员工岗位调动是指员工与用人单位相互选择而实现职业、就职公司或就职地区的变换；狭义的员工岗位调动则是指由于员工岗位的变化所形成的人员从一种工作状态到另一种工作状态的变化。下面介绍创建"员工岗位调动信息表"的具体操作方法。

➡ STEP 01　创建一个名为"员工岗位调动信息表"的工作表，在表中输入相关的内容，并设置工作表的行高与列宽，效果如图10-66所示。

➡ STEP 02　在工作表中设置相关单元格的对齐方式、字体格式等，并为表格添加"所有框线"，效果如图10-67所示。

	A	B	C	D	E	F	G
1	员工岗位调动信息表						
2	工号	姓名	原部门	原岗位	新岗位	调动日期	变动类型
3	1001	周一	销售部	总监	业务部总监	6月1日	平级调动
4	1002	金二	市场部	经理	市场部总监	7月15日	晋升
5	1003	张三	市场部	主管	销售部专员	7月18日	降职
6	1004	李四	行政部	专员	行政部主管	8月1日	晋升
7	1005	王五	后勤部	主管	仓管部主管	8月1日	平级调动
8	1006	赵六	销售部	专员	销售部经理	8月20日	晋升
9	1007	钱七	管理部	主管	销售部专员	9月1日	降职
10	1008	朱八	销售部	专员	行政部助理	9月1日	平级调动
11	1009	于九	销售部	专员	销售部主管	9月1日	晋升
12	1010	柳十	技术部	专员	技术部主管	11月1日	晋升

图 10-66　在表中输入相关的内容

	A	B	C	D	E	F	G
1	员工岗位调动信息表						
2	工号	姓名	原部门	原岗位	新岗位	调动日期	变动类型
3	1001	周一	销售部	总监	业务部总监	6月1日	平级调动
4	1002	金二	市场部	经理	市场部总监	7月15日	晋升
5	1003	张三	市场部	主管	销售部专员	7月18日	降职
6	1004	李四	行政部	专员	行政部主管	8月1日	晋升
7	1005	王五	后勤部	主管	仓管部主管	8月1日	平级调动
8	1006	赵六	销售部	专员	销售部经理	8月20日	晋升
9	1007	钱七	管理部	主管	销售部专员	9月1日	降职
10	1008	朱八	销售部	专员	行政部助理	9月1日	平级调动
11	1009	于九	销售部	专员	销售部主管	9月1日	晋升
12	1010	柳十	技术部	专员	技术部主管	11月1日	晋升

图 10-67　设置表格格式后的效果

专家提醒

平级调动是一种平行的岗位变动，晋升和降职是企业内部的一种纵向流动形式。核定降职人员后，人力资源部门要发布人员变动通知，并以书面形式告知本人，而且企业内各级人员接到降职通知后，应于指定日期内办理移交手续，履行新职，不得借故推诿或拒绝交接。此外，降职时，该员工的各种劳动报酬由降职之日起重新核定。如果被降职的员工对降职处理不满，可向人力资源部门提出申诉，但未经核准前不得擅自离开新职位或怠工。

10.5.2　分析普通类岗位调动情况

一般在企业普通类岗位中只有晋升与平级调动两种调动情况。晋升的一般程序为：由部门主管提出晋升申请，人力资源部门审核各部门提出的晋升申请和岗位空缺报告并选择合适的晋升对象。企业在进行平级调动的时候要注意遵循用人所长、因事设人、协商一致、照顾差异等原则。下面介绍分析普通类岗位调动情况的具体操作方法。

STEP 01　在工作表中选择A2:G12单元格区域，在“插入”面板的“表格”选项板中，单击“数据透视表”按钮，如图10-68所示。

STEP 02　弹出“创建数据透视表”对话框，在对话框中选中“新工作表”单选按钮，如图10-69所示。

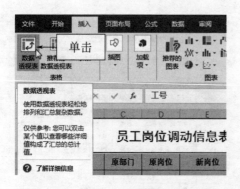

图 10-68 单击"数据透视表"按钮

图 10-69 选中"新工作表"单选按钮

> **STEP 03** 单击"确定"按钮,将自动生成一个新工作表,将工作表重命名为"分析普通类岗位调动情况";在数据透视表右侧的"数据透视表字段"列表中,依次选中"姓名""原部门""原岗位""变动类型"以及"新岗位"复选框,如图 10-70 所示。

> **STEP 04** 单击"原岗位"复选框右侧的下拉按钮,如图 10-71 所示。

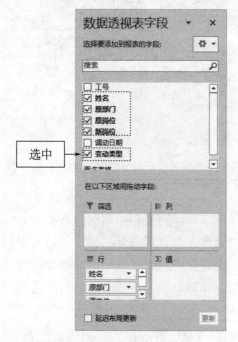

图 10-70 选中相应的复选框

图 10-71 单击下拉按钮

> **STEP 05** 在弹出的列表框中,❶取消选中"(全选)"复选框;❷选中"主管"复选框,如图 10-72 所示。

第 10 章 档案：人事管理与岗位的调动

➡ **STEP 06** 单击"确定"按钮，即可设置在数据透视表中只显示"主管"的数据内容。选择数据透视表，在"设计"面板的"布局"选项板中，单击"分类汇总"按钮，如图 10-73 所示。

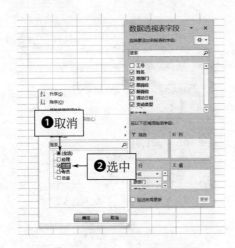

图 10-72 选中"主管"复选框

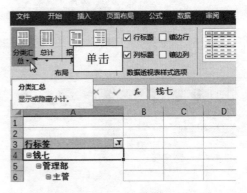

图 10-73 单击"分类汇总"按钮

➡ **STEP 07** 在弹出的列表框中，选择"不显示分类汇总"选项，如图 10-74 所示。

➡ **STEP 08** 执行上述操作后，即可在数据透视表中设置不显示分类汇总数据，如图 10-75 所示。

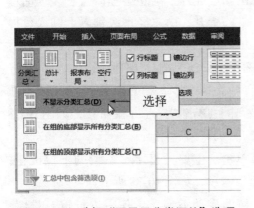

图 10-74 选择"不显示分类汇总"选项

图 10-75 设置不显示分类汇总数据的效果

➡ **STEP 09** 还可以在此表上查看"经理"和"总监"岗位的数据内容，用与上相同的方法，单击"原岗位"复选框右侧的下拉按钮，在弹出的列表框中，❶取消选中"（全选）"复选框；❷选中"经理"和"总监"复选框，如图10-76所示。

▶ STEP 10 单击"确定"按钮，即可在数据透视表显示经理和总监的相关数据内容，效果如图10-77所示。

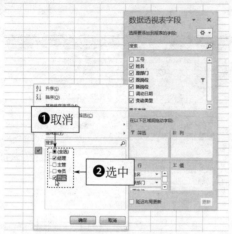

图10-76 选中相应复选框

图10-77 显示经理和总监的相关数据内容

10.5.3 分析管理类岗位调动情况

在企业中，部门经理级别人员的降职需要由人力资源部门提出申请，报总经理核定；一般管理人员降职由用人部门或人力资源部门提出申请，报经理审核，由总经理核定。而管理级别人员，例如总经理、副总经理以及总经理助理的降职应由董事长核定；部门经理、主管的晋升，由总经理级别以上的人员提议并呈董事长核定；普通员工的晋升是由部门经理或主管提议，呈总经理核定，并通知行政部门。下面介绍分析管理类岗位调动情况的具体操作方法。

▶ STEP 01 切换至"员工岗位调动信息表"，选择A2:G12单元格区域，在"数据"面板的"排序和筛选"选项板中，单击"排序"按钮，如图10-78所示。

▶ STEP 02 弹出"排序"对话框，❶单击"主要关键字"右侧的下拉按钮；❷在弹出的列表框中选择"变动类型"选项，如图10-79所示。

▶ STEP 03 单击"确定"按钮，即可按照变动类型对工作表进行重新排序，效果如图10-80所示。

▶ STEP 04 选择A2:G2单元格区域，在"数据"面板的"排序与筛选"选项板中，单击"筛选"按钮，如图10-81所示。

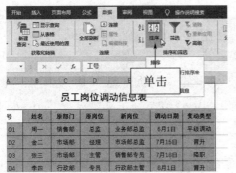

图 10-78 单击"排序"按钮

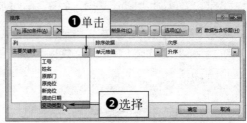

图 10-79 选择"变动类型"选项

图 10-80 对工作表进行重新排序操作

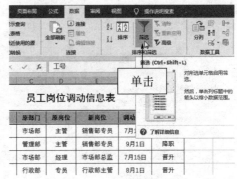

图 10-81 单击"筛选"按钮

STEP 05 单击 D2 单元格右侧的"筛选"按钮，❶在弹出的列表框中取消选中"（全选）"复选框；❷选中"经理"和"主管"复选框，如图 10-82 所示。

STEP 06 单击"确定"按钮，即可对工作表进行筛选，效果如图 10-83 所示。

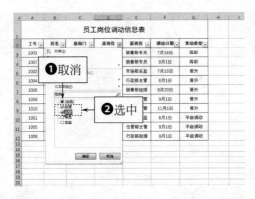

图 10-82 选中"经理"和"主管"复选框

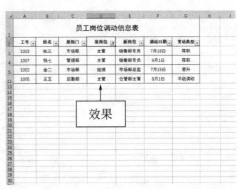

图 10-83 对工作表进行筛选操作后的效果

> **STEP 07** 选择当前工作表中的所有单元格,在"数据"面板的"分级显示"选项板中,单击"分类汇总"按钮,弹出"分类汇总"对话框,设置"分类字段"为"变动类型",如图 10-84 所示。

> **STEP 08** 单击"确定"按钮,即可对工作表的"变动类型"进行分类汇总,统计管理人员岗位调动的数据,效果如图 10-85 所示。至此,完成"员工岗位调动信息表"的制作。

图 10-84　设置"分类字段"为"变动类型"　　图 10-85　统计管理人员岗位调动的数据